Christine Nöstlinger

Die Ilse ist weg

Langenscheidt

Berlin · München · Wien · Zürich · New York

Leichte Lektüren für Jugendliche

Herausgegeben vom Goethe-Institut München

Zu diesem Jugendbuch ist ein Didaktisierungsvorschlag
erschienen.

Umschlag und Illustrationen: Linda Loma

Redaktion: Hedwig Miesslinger

Dieses Werk folgt der neuen Rechtschreibung entsprechend
den amtlichen Richtlinien.

Zuerst erschienen unter dem Titel *Ilse Janda, 14* im Verlag Friedrich
Oetinger, Hamburg 1974.
© 1974 by Verlag Friedrich Oetinger, Hamburg.
© 1991 Langenscheidt KG, Berlin und München

Druck: 12. 11. 10. 9.
Auflage: 05   04   03

Druck: Druckhaus Langenscheidt, Berlin
Printed in Germany. ISBN 3-468-49720-2

Christine Nöstlinger ist eine der bekanntesten und beliebtesten deutschsprachigen Kinder- und Jugendbuchautorinnen.

Sie wurde 1936 in Wien geboren, studierte nach dem Abitur Grafik, arbeitete dann für Tageszeitungen und den Österreichischen Rundfunk. Sie ist verheiratet und hat zwei Töchter.

Seit 1970 schreibt sie auch Kinder- und Jugendbücher, und viele Bücher erhielten Preise. Neben phantastischen Romanen *(Wir pfeifen auf den Gurkenkönig)* schreibt sie auch psychologisch-realistische *(Die Ilse ist weg, Stundenplan)* und zeitgeschichtliche *(Maikäfer, flieg)*.

Von den meisten deutschsprachigen Autorinnen und Autoren unterscheidet sich Christine Nöstlinger durch ihren Humor. Mit ihren Büchern möchte sie den Lesern Spaß machen.

Foto: Alexa Gelberg, Weinheim

Inhaltsverzeichnis

Warum 3 Großmütter, 3 Großväter, eine Mutter, ein Vater, ein Stiefvater, eine Frau vom Stiefvater und 7 Geschwister keine große Familie sind

Ich werde die Geschichte aufschreiben. Obwohl ich nicht weiß, wo ihr Anfang ist. Ich weiß nur, wie ihr Ende sein wird. Das Ende ist, dass Ilse weg ist.

Ilse ist meine Schwester. Sie ist weg und ich will nicht, dass sie wiederkommt. Wenn sie wiederkommt, muss sie in ein Internat. Ich bleibe dabei, dass ich gar nichts weiß!

Mama, sie hat den roten Mantel angezogen und hat gesagt, sie muss sich ein liniertes Heft kaufen. Das ist alles, was ich weiß, Mama! Mehr weiß ich wirklich nicht, Kurt! Das musst du mir glauben, Papa!

„Wir sind eben eine große Familie! Und das hat auch Vorteile!", sagt Mama manchmal zu mir. Uns als „große Familie" zu bezeichnen ist ein schlechter Witz. Aber Vorteile hat es manchmal wirklich. Zum Geburtstag zum Beispiel: Da bekomme ich von drei Großmüttern, drei Großvätern, einer Mutter, einem Vater, einem Stiefvater, einer Frau vom Vater, einer Frau vom Stiefvater und von sechs Geschwistern Geschenke.

Das hört sich kompliziert an, ist aber ziemlich einfach. Meine Mutter hat meinen Vater geheiratet und mit ihm zwei Kinder bekommen. Die Ilse und mich. Dann haben sie sich scheiden lassen und mein Vater hat eine andere Frau geheiratet, mit der hat er wieder zwei Kinder bekommen. Die Mama hat dann den Kurt geheiratet und auch noch zwei Kinder bekommen. Und der Kurt war vorher schon einmal verheiratet. Und aus dieser Ehe gibt es auch ein Kind.

Meine Eltern haben sich scheiden lassen, als die Ilse acht Jahre alt war und ich sechs. Angeblich haben sie sich nicht mehr gut verstanden.

Nach der Scheidung wohnten die Ilse und ich zuerst bei den Eltern vom Papa. Der Papa behielt unsere alte Wohnung. Und die Mama zog zu ihren Eltern. Am Samstag und am Sonntag kam sie uns besuchen. Unter der Woche hatte sie keine Zeit für uns. Sie war damals Sekretärin bei einer Zeitung und musste viele Überstunden machen. In der Zeitungsredaktion lernte sie den Kurt kennen. Der war dort Redakteur. Zwei Jahre später hat sie ihn geheiratet. Und die Ilse und ich sind von der Oma weg zum Kurt gezogen. Dann hat die Mama den Oliver und die Tatjana bekommen. Die Tatjana und der Oliver sagen zum Kurt „Papa". Die Ilse und ich sagen „Kurt" zu ihm. Ich habe gern bei der Oma und beim Opa gewohnt. Jetzt würde ich nicht mehr so gern bei ihnen sein. Der Opa ist nämlich sehr schwerhörig und sehr verkalkt geworden. Er redet so komisch! Immer murmelt er vor sich hin. Bei meinem letzten Besuch hat er mich gefragt, wie ich heiße und wer ich bin.
„Das ist doch die Erika!", hat die Oma gebrüllt.
„Aha, ja, ja, die Erika", hat der Opa darauf gesagt. Doch zwei Minuten später hat er wieder gefragt: „Wer ist denn das Mädchen? Wie heißt denn das Mädchen?"
Ich gehe jeden Donnerstag nach der Schule zur Oma und zum Opa. Früher ging die Ilse mit mir. Aber seit der Opa so komisch und verkalkt ist, drückt sie sich um die Oma-Opa-Besuche. Außerdem stinkt es so bei der Oma, hat sie gesagt. Nach Sauerkraut und Bratkartoffeln. Das stimmt. Aber ich habe nichts gegen diesen Geruch.

„Die Eltern von meinem Ex-Mann leben entsetzlich!", hat die Mama einmal zu einem Besuch gesagt. Und dann hat sie erzählt, wie es in der Küche und im Zimmer von der Oma und vom Opa aussieht. Dass sie nicht einmal fließendes Wasser haben, sondern sich in einer Plastikschüssel waschen! Dass die riesigen Ehebetten und die vier Schränke das ganze Zimmer ausfüllen und dass unter den Betten hundert alte Schachteln und Koffer und Kisten stehen.

„Stellen Sie sich vor", hat sie gesagt, „in dem winzigen Zimmer steht noch ein kleiner Tisch. Und auf dem ist ein riesiger Strauß mit schweinsrosa Plastikrosen!"

Die Ilse saß neben der Mama, als die Mama das lachend erzählte. Die Ilse bekam ganz schmale Augen. Sie kann, wenn sie böse wird, wie eine Katze schauen. Doch die Mama merkte nicht, dass die Ilse den Katzenblick hatte. Sie drehte sich zu ihr und fragte: „Oder haben sie jetzt keine Plastikrosen mehr?"

„Geh hin und schau dir's an, wenn's dich interessiert!", fauchte die Ilse, stand auf und lief aus dem Zimmer.

Die Mama sah ihr erstaunt nach und der Besuch sagte, Mädchen in einem gewissen Alter seien eben schwierig.

Dann wollte die Mama mich fragen. Und ich hätte ihr auch gesagt, dass die Oma die Plastikrosen gegen Plastiknelken vertauscht hat, aber bevor ich antworten konnte, rief der Kurt: „So hör doch auf, Lotte, verdammt noch einmal!"

Da redete die Mama schnell von etwas anderem.

Ich ging in unser Zimmer. Die Ilse saß am Schreibtisch und lackierte sich die Fingernägel grün. Dabei zitterte sie vor Wut und strich sich die Haut mit an. Sie sagte, die Mama geht ihr auf die Nerven. Die tut, als ob sie etwas Besseres wäre, bloß weil sie einen Mann geheiratet hat, der sechs Zimmer hat! Ich wollte die Ilse beruhigen. Ich sagte: „Du hast ja Recht, aber das ist doch kein Grund, dass du dich so aufregst!"

„Du hast ein Gemüt wie ein Fleischerhund", brüllte mich die Ilse an. Und dann brüllte sie noch eine Menge sehr ungerechter Sachen gegen mich.

Beim Brüllen fuchtelt die Ilse immer mit den Armen herum.

Sie stieß an die Nagellackflasche und die Flasche kippte um. Der grüne Lack rann über die Schreibtischplatte. Unsere Schreibtische sind ganz neu. Ich wollte nicht, dass sich die Mama über den Fleck aufregt. Ich holte den Nagellackentferner und goss ihn auf den klebrigen Fleck. Doch leider war im Entferner Azeton und das löste die Oberfläche der Tischplatte auf.

„Na, jetzt ist es besser, du Trottel!" fauchte die Ilse.

Ich kann leider nie eine richtige Wut bekommen. Auch dann nicht, wenn mich jemand so ungerecht behandelt. Ich sagte: „Reg dich nicht auf. Ich werde der Mama sagen, dass ich schuld bin!"

„Danke, darauf steh ich nicht!", sagte die Ilse.

„Die Mama wird sich aber aufregen", rief ich. „Furchtbar aufregen!"

„Soll sie doch", sagte die Ilse. „Wenn es mir zu bunt wird, dann geh ich!"

Ich holte einen nassen Lappen aus der Küche und wischte die Tischplatte. Schön wurde sie nicht.

„Wohin willst denn gehen?", fragte ich.

„Da gibt es tausend Möglichkeiten", sagte die Ilse. Aber es klang so, als ob sie keine einzige davon aufzählen könnte. Darum habe ich nicht weiter gefragt.

Wie die Ilse aussieht und wie die Ilse früher gewesen ist

Ich glaube, ich habe die Geschichte nicht richtig angefangen. Wenn ich über die Ilse schreiben will, muss ich zuerst beschreiben, wie die Ilse aussieht. Denn das ist wichtig. Die Ilse ist schön. Es gibt nichts an ihr, was nicht schön ist! Sie hat sehr viele, sehr dunkelbraune Haare, die ganz glatt sind und bis zu den Schultern reichen. Sie hat noch nie einen Pickel gehabt. Ihre Augen sind grau mit grünen Flecken. Ihre Nase ist ganz klein. Obwohl sie sehr dünn ist, hat sie einen ziemlich großen, spitzen Busen. Um die Taille misst sie nur sechsundvierzig Zentimeter und ihr Zeichenlehrer hat ausgerechnet, dass sie genau nach dem goldenen griechischen Schnitt gebaut ist.

Ich könnte noch seitenlang über das schöne Aussehen meiner Schwester schreiben. Und trotzdem würde das Wichtigste fehlen. Es ist so: Die Ilse hat etwas, was die anderen nicht haben! Das ist mir schon oft aufgefallen. Wenn ich in der Pause in ihre Klasse komme, stehen und hocken und gehen in der Klasse dreißig Mädchen herum. Hübsche und normale und hässliche Mädchen. Und dann ist da noch die Ilse. Und die ist eben anders. Meine Schwester ist wie von einem Plakat. Natürlich nicht wie von einem Waschpulver-Plakat. Von so einem „Zeitgeist"-Plakat kommt sie. Von einem „Schnelle-Autos-für-junge-Leute"-Plakat. Ein Coca-Cola-Martini-Jetset-Mädchen ist sie. Von außen natürlich nur.

Früher war die Ilse nicht so schön. Als wir noch bei der Oma gewohnt haben, haben alle Leute zur Ilse immer gesagt: „Warum schaust denn so böse drein?"

Der Hausmeister im Haus von der Oma hat immer zur Ilse gesagt:
„Wennst einmal lachen tätest, wärst direkt ein hübsches Kind!"
Aber die Ilse hat damals fast nie gelacht. Jedenfalls kann ich mich nicht daran erinnern. Ich erinnere mich daran, dass sie immer Buchstaben malte. Sie saß an dem kleinen Tisch mit den Plastikrosen und schrieb seitenlang Buchstaben. Der Opa schimpfte und sagte, sie werde sich noch die Augen verderben.
Sie war damals in der zweiten Klasse. In einer neuen Schule. Weil die Oma ja sehr weit weg von unserer alten Wohnung wohnt. In der neuen Schule wollte die Lehrerin andere Buchstaben. Darum malte die Ilse so viele Buchstaben. Aber es nützte nichts. Zwei Jahre später zogen wir ja zum Kurt. Da kam dann die Ilse wieder in eine andere Schule, zu einer anderen Lehrerin, und die wollte wieder andere Buchstaben. Vielleicht hat die Ilse deshalb eine Schrift wie aus einem Schönschreibeheft bekommen, ganz gerade und gleichmäßig.
„Ihre Hefte sind eine helle Freude", sagte die Klassenlehrerin an jedem Sprechtag zu unserer Mama.

Doch in letzter Zeit dürften die Hefte der Ilse für die Lehrer keine Freude mehr gewesen sein. Gestern habe ich nämlich ihren Schreibtisch aufgeräumt. Nicht weil ich Ordnung machen wollte. Ich wollte Sachen von der Ilse in der Hand haben. Sachen sind oft besser als gar nichts.
Ich habe also den Schreibtisch aufgeräumt und in ihre Schulhefte geschaut. In jedem Heft war höchstens eine Seite voll geschrieben. Die Mathe-Hefte und die Latein-Hefte waren ganz leer.

Ich verstehe das nicht! Sie ist doch stundenlang an ihrem Schreibtisch gesessen. Oft noch am Abend. Und wenn ich mit ihr reden wollte, hat sie gesagt: „Halt den Mund, du störst mich beim Lernen!" Vier kleine und drei große Notizhefte habe ich gefunden. Sie waren mit Strichen und Wellenlinien und kleinen Männchen voll gekritzelt. Auf dem Tisch, unter der Schreibunterlage, war ein Zettel. WOLFGANG ICH SEHNE MICH NACH DIR! WEISST DU DAS DENN NICHT? hat auf dem Zettel gestanden. Der Zettel war uralt. Mindestens zwei Jahre alt. Das weiß ich, weil er mit grüner Tinte geschrieben war. Die verwendet die Ilse schon lange nicht mehr.

Als ich das mit dem Wolfgang und dem SEHNEN las, bekam ich ein komisches Gefühl im Bauch. SEHNEN ist so ein merkwürdiges Wort. Ich wollte nicht, dass sich meine Schwester SEHNEN muss. Ich weiß nicht, welchen Wolfgang sie damals gemeint hat. Es gibt so viele Wolfgangs. Acht Stück kämen leicht in Frage. Und ich war auf alle acht Wolfgangs böse, weil sich meine Schwester nach einem von ihnen hat sehnen müssen. Und ich war auch traurig, weil ich von der Sehnsucht nichts gewusst habe.

Ich versuchte, mich zu erinnern, wie das vor zwei Jahren gewesen war. Ich konnte mir nicht vorstellen, dass die Ilse damals für einen Wolfgang Zeit gehabt hätte. Jeden Donnerstag waren wir bei der Oma und beim Opa. Jeden Samstag mussten wir den Papa treffen. Am Mittwoch war immer der Pflichtbesuch bei den Eltern der Mama fällig. (Damals war sie noch nicht böse mit denen.) Am Montagnachmittag mussten wir zu Hause sein, da sind der Großvater und die Großmutter, die Eltern vom Kurt, gekommen. Und am Sonntag war der Familientag. Da mussten wir einen Ausflug mit der Mama, dem Kurt, der Tatjana und dem Oliver machen. Und vor zwei Jahren musste die Ilse abends doch um sieben Uhr daheim sein. Wenn sie zehn Minuten später gekommen ist, hat die Mama einen Anfall gekriegt. Für einen Wolfgang kann da also nicht viel Zeit übrig gewesen sein. Fürs SEHNEN natürlich schon.

Ein Meerschweinchen, eine ekelhafte Schwester und Ohrfeigen

Vielleicht war es der Wolfgang, der ihr das Meerschweinchen geschenkt hat?

Das war vor ungefähr zwei Jahren. Im Winter. Die Ilse kam vom Nachmittagsturnen heim. Sie hatte einen Karton in den Händen. Die Mama war in der Diele und telefonierte. Neugierig schaute sie dabei auf die Ilse und den Karton.

Die Ilse stand bei der Garderobe, presste den Karton an den Bauch und zog den Mantel nicht aus.

Die Mama hörte zu telefonieren auf und fragte: „Was hast du denn da?"

Die Ilse gab keine Antwort. Die Mama ging zur Ilse und schaute in den Karton. „Bist du verrückt?", rief sie, „woher hast du denn das Vieh?"

Die Ilse starrte die Mama an und gab keine Antwort. Dann kam der Kurt aus dem Wohnzimmer und der Oliver und die Tatjana kamen aus dem Kinderzimmer. Die Tatjana war damals noch sehr klein. Sie wollte in den Karton hineinschauen. Sie zog am Mantel der Ilse und brüllte: „Schauen, schauen, schauen!"

Die Ilse ließ sie nicht schauen.

Ich wollte das Meerschweinchen aus dem Karton holen und streicheln. Die Ilse machte einen kleinen Schritt weg von mir. Ich merkte, dass sie auch mich an das Meerschweinchen nicht heranlassen wollte.

„Trag das Vieh sofort zurück", kreischte die Mama.

„Wir könnten es doch probeweise ein paar Tage behalten", sagte der Kurt leise zur Mama. Der Oliver und die Tatjana hatten es gehört.

„Ja, behalten", schrien sie. „Schweindl behalten."
Die Mama schaute den Kurt zuerst böse an, dann seufzte sie und sagte: „Na bitte, wenn du meinst" und ging in die Küche.
Der Kurt rannte hinter ihr her. Es sei doch nur ein Vorschlag gewesen, sagte er. Man könnte das Vieh doch noch immer zurücktragen! Die Mama schimpfte: „Probeweise! So ein Blödsinn! Wenn das Vieh im Haus ist, geben sie es doch nicht mehr her!" Und dann sagte sie: „Und wer wird den Dreck putzen? Und das Futter holen? Ich!"

Damit hatte die Mama nicht Recht. Die Ilse kümmerte sich um das Meerschweinchen. Jeden Tag mistete sie den Stall aus. Stundenlang hatte sie das Vieh auf dem Schoß und streichelte es.
Ich war die Einzige außer ihr, die das Meerschweinchen berühren durfte. Dem Oliver und der Tatjana hat es die Ilse nicht erlaubt. Wenn die Ilse weggegangen ist, hat sie den Meerschweinchenstall auf unseren Schrank hinaufgestellt. Und wenn sie daheim war und der Oliver und die Tatjana zu uns ins Zimmer kamen und mit dem Meerschweinchen spielen wollten, hat die Ilse gefaucht: „Dalli, dalli, verschwindet!"
Aber ich bin mir ganz sicher, dass die Mama am Vormittag, wenn wir in der Schule waren, das Meerschweinchen vom Schrank heruntergeholt hat. Im Zimmer von der Tatjana und vom Oliver fand ich ein paarmal Sägemehl auf dem Boden und einmal ein angenagtes Karottenstück.

Das Meerschweinchen war schon über ein Jahr im Haus, da geschah es: Die Ilse war im Bad. Ich trocknete in der Küche Geschirr. Die Tür zu unserem Zimmer war offen. Der Meerschweinchenstall stand auf dem Schreibtisch von der Ilse. Die Tatjana lief in unser Zimmer. Sie kletterte auf den Sessel und von dem Sessel auf den Tisch. Sie nahm das Meerschweinchen aus dem Stall. Wahrscheinlich hat sie zu fest zugepackt. Oder an der falschen Stelle. Jedenfalls hat sich das Meerschweinchen bedroht gefühlt. Zuerst hat es laut gequietscht. Und dann hat die Tatjana gebrüllt. Wie am Spieß! Das Meerschweinchen hatte sie in den Finger gebissen. Der Finger blutete.

Die Ilse hörte den Meerschweinchenquietscher und kam aus dem Badezimmer gelaufen. Mit viel Schaum auf dem Kopf. Die Mama hörte das Gebrüll der Tatjana und kam aus dem Wohnzimmer gelaufen.

Und ich aus der Küche hinterher!

Die Tatjana stand auf dem Tisch und hielt den blutenden Finger hoch. Das Meerschweinchen lag auf dem Boden und rührte sich nicht. Aus seiner Nase lief Blut. Viel mehr Blut als aus Tatjanas Finger. Ilse hob das Meerschweinchen auf. Es war tot. Es musste mit dem Kopf gegen die Türklinke geflogen sein, als Tatjana es vor Schreck weggeschleudert hatte.

Ilse ging mit dem toten Meerschweinchen zu ihrem Bett. Sie legte es auf die Bettdecke.

Die Mama hob Tatjana vom Tisch, setzte sich mit ihr auf den Schreibtischsessel, blies auf den blutenden Finger und murmelte:

„Es ist ja nicht schlimm, es tut ja nicht weh, es hört ja gleich auf!"

Die Ilse sprang plötzlich auf die Mama zu. Sie riss die Tatjana von ihrem Schoß und brüllte: „Ich bring dich um!"

Es war fürchterlich! Die Tatjana hat entsetzlich geplärrt. An einem Arm von ihr hat die Ilse gezogen, am anderen Arm die Mama.

„Lass das Kind los", hat die Mama gekeucht.

„Nein, ich bring sie um!", hat die Ilse gefaucht.

Dann hat die Mama auf die Ilse eingeschlagen. Die Ilse hat sich gewehrt. Sie hat getreten. Gegen die Schienbeine der Mama. Der Tatjana ist es gelungen, sich von der Ilse loszureißen. Sie ist aus dem Zimmer gelaufen. Die Mama hat weiter auf die Ilse eingeschlagen. Dabei hat sie gekreischt: „Du bist ja wahnsinnig geworden! Du hast ja komplett den Verstand verloren."

Sie hat die Ilse auch an den Haaren gerissen. Zum Schluss hat sie die Ilse auf das Bett gestoßen. Auf das tote Meerschweinchen drauf. Dann ist sie aus dem Zimmer gegangen. Ihre Hände haben gezittert und sie hat geschnauft wie eine Herzkranke.

Die Ilse ist eine Stunde auf ihrem Bett gelegen. Mit dem schaumigen Kopf auf dem toten, blutigen Meerschweinchen. Nach einer Stunde ist sie aufgestanden. Sie hat einen Bogen Packpapier aus einer Lade geholt. Sie hat das Meerschweinchen in das Packpapier gewickelt.

Sie hat mir die Rolle in die Hand gedrückt und gesagt: „Trag sie runter in den Mülleimer!"

„Wir könnten es beim Großvater im Garten eingraben", habe ich vorgeschlagen.

Die Ilse hat den Kopf geschüttelt. So nahm ich die Packpapierrolle und trug sie in den Keller hinunter und warf das tote Meerschweinchen in den Abfall.

Am Abend kam dann der Kurt zu uns ins Zimmer. Er fragte, ob er der Ilse ein neues Meerschweinchen kaufen dürfe.

„Kauf deinen eigenen Kindern eines", fauchte ihn die Ilse an. Der Kurt sah recht hilflos aus. Zweimal machte er den Mund auf und klappte ihn dann wieder zu. Er wollte etwas sagen. Doch dann ließ er es bleiben und ging aus dem Zimmer.

Ich fand das ungerecht von der Ilse. Ich sagte: „Der Kurt kann doch nichts dafür!"

„Aber seine Kinder", sagte die Ilse.

Ich sagte, dass das nicht nur die Kinder vom Kurt, sondern auch die Kinder von der Mama sind, und dass sie unsere Geschwister sind. Die Ilse rief: „Nein! Die sind genauso wenig meine Geschwister, wie die Kinder vom Papa meine

Geschwister sind! Oder sind diese zwei Halbaffen vielleicht auch deine Geschwister?"

Ich schüttelte den Kopf. Die Halbaffen, die neuen Kinder vom Papa, kann ich auch nicht leiden.

„Na eben", sagte die Ilse.

Ich sagte nichts mehr. Mir tat die Ilse Leid. Es ist wohl wirklich zu viel verlangt, wenn man den Mörder seines geliebten Meerschweinchens gern haben soll.

Die Amrei, ein Theaterbesuch und wieder Ohrfeigen

Vor zwei Monaten, ungefähr, erzählte mir die Ilse, dass sie sich jetzt wieder mit der Amrei trifft. Die sei doch viel netter als alle blöden Kühe in ihrer Klasse!

Die Amrei war früher einmal die Freundin von der Ilse gewesen. Als die Ilse noch in der Volksschule war. Jetzt geht sie in eine Klosterschule.

Die Ilse erzählte mir, dass sie die Amrei auf der Straße getroffen habe. Sie seien in ein Café gegangen und hätten ein Vanille-Eis gegessen. Und da habe die Ilse bemerkt, dass sie die Amrei noch immer so gut wie früher leiden kann.

Dauernd hat mir die Ilse von der Amrei erzählt. Wie sie mit ihr im Kino war! Und im Espresso! Und spazieren! Und im Schwimmbad!

Und dann, das ist jetzt drei Wochen her, war der große Krach bei uns zu Hause.

Es war an einem Samstag, die Ilse sagte, sie geht mit der Schule ins Theater. Und um zehn wird sie zurück sein.

Die Mama bot ihr an, sie mit dem Auto vom Theater abzuholen. Die Ilse meinte, das sei nicht nötig. Der Vater von der Evi nimmt sie mit und bringt sie nach Hause.

Die Ilse kam nicht um zehn, es wurde halb elf und dann elf und die Ilse war noch immer nicht zu Hause. Die Mama rief bei den Eltern von der Evi an. Die Mutter von der Evi sagte, sie wisse nichts von einem Theaterbesuch und die Evi liege längst im Bett und schlafe.

Die Mama und der Kurt setzten sich ins Wohnzimmer. Sie

sprachen kaum miteinander. Bloß alle zehn Minuten teilten sie sich gegenseitig die Uhrzeit mit. Ich lag in meinem Bett. Die Zimmertür war nur angelehnt. Ich versuchte wach zu bleiben, doch dann schlief ich ein.

Als ich wieder munter wurde, hörte ich aus dem Wohnzimmer die Stimme von der Ilse. Es war Viertel nach eins. Die Ilse erzählte, wie schön es im Theater gewesen sei und dass der Vater von der Evi alle Mädchen nach dem Theater in ein feines Restaurant eingeladen habe.
„Sehr lieb von ihm", sagte die Mama.
Und die Ilse erzählte, was sie gegessen hatte und was die Evi und die Herta und die anderen gegessen hatten.
„Aha" und „Soso", sagte die Mama.
Ich war ziemlich verschlafen, aber trotzdem merkte ich, dass es immer schlimmer werden würde, wenn die Ilse so weiter log. Ich gab mir einen Ruck und tapste ins Wohnzimmer.
„Erika, geh sofort ins Bett", rief die Mama.
Die Ilse sagte gerade: „Und dann waren leider keine Taxis zu finden!"
„Ein Jammer", sagte die Mama höhnisch. Die Ilse merkte den Hohn nicht. Ich fand die Mama gemein.
Ich rief: „Ilse, die Mama hat mit den Eltern der Evi telefoniert!" Die Mama schaute mich böse an und rief: „Verschwinde, aber sofort!" Sie war wütend auf mich, weil ich ihr die Show gestohlen hatte. Ich bin aus dem Wohnzimmer gegangen. Doch hinter der Tür bin ich stehen geblieben. Ich wollte ja wissen, was weiter geschieht.

Die Ilse ließ sich nichts anmerken. Sie tat erstaunt. „Wieso? Der Vater von der Elfi hat uns abgeholt! Elfi, nicht Evi!" Da sprang der Kurt auf und schrie, dass sie ihn nicht für dumm verkaufen soll! Die Ilse räusperte sich und sagte: „Kurt, das geht dich überhaupt nichts an. Dir bin ich keine Rechenschaft schuldig. Nur weil du meine Mutter geheiratet hast,

brauchst du vor mir nicht den starken Mann zu spielen!"
Dann klatschte es. Die Mama hatte der Ilse eine heruntergehauen. Und dann kam der Kurt aus dem Wohnzimmer
gelaufen und rannte mich fast um.

„Kurt", rief die Mama. „Komm zurück! Sie muss sich bei dir
entschuldigen!"

Aber der Kurt kam nicht zurück. Er ging ins Schlafzimmer
und knallte die Tür hinter sich zu.

Ich hörte noch, wie die Mama von der Ilse eine Entschul-
digung verlangte und ihr alle möglichen und unmöglichen
Strafen androhte, aber die Ilse entschuldigte sich nicht. Sie
kam in die Diele und sagte zu mir: „Lieber beiße ich mir
die Zunge ab!"

Sie weinte, als sie das sagte, und ballte die Hände zu Fäus-
ten. Nachher waren die Abdrücke von den Fingernägeln
auf den Handballen zu sehen.

In unserem Zimmer dann, während sich die Ilse auszog,
murmelte sie ununterbrochen: „Ich halte es nicht mehr
aus, ich halte es nicht mehr aus."

„Wo warst du denn wirklich?", fragte ich.

Ich fragte noch dreimal, bevor die Ilse endlich antwortete:
„Ich war mit der Amrei in einer Bar!"

„Was macht man denn in einer Bar?", fragte ich. „Dürfen da
überhaupt zwei Mädchen allein hineingehen?"

Die Ilse löschte das Licht, legte sich ins Bett und sagte:
„Gute Nacht!"

Ich wagte nicht, noch einmal zu fragen.

Kein Frühstück und Scherben im Bad

Am nächsten Tag war Sonntag. Der Oliver weckte mich auf. Er zog an meiner Bettdecke und raunzte: „Aufstehen! Spiel mit mir!"

Ich bin am Morgen immer sehr verschlafen. Zuerst erinnerte ich mich gar nicht an die vergangene Nacht. Die fiel mir erst wieder ein, als ich zum Bett der Ilse hinschaute. Die Ilse schlief noch. Ihre Zehen schauten unter der Decke heraus. Knallgelber Lack war auf den Zehennägeln.

„Kein Ausflug heute?", fragte ich den Oliver leise.

Er schüttelte den Kopf.

„Warum nicht?, fragte ich.

Er zuckte mit den Schultern. „Der Papa ist allein weg", flüsterte er. „Ganz früh schon!"

„Und die Mama?", fragte ich.

Er zuckte wieder mit den Schultern.

Ich stand auf und ging in die Küche. Der Oliver kam hinter mir her. Am Küchentisch saß die Mama und las in einer alten BRIGITTE.

„Kann ich ein Frühstück haben?", fragte ich.

„Mach es die selbst", sagte die Mama.

Wenn die Mama kein Frühstück macht, ist sie bitterböse. Ich holte den Milchtopf aus dem Schrank.

„Schlag nicht so mit den Schranktüren", raunzte die Mama. Ich goss Milch in den Topf. Zwei winzige Spritzer tropften daneben.

Die Mama schaute von der BRIGITTE hoch. „Musst du immer alles daneben schütten?"

Ich nahm ein Tuch und wischte die Milchspritzer weg.

„Bist du verrückt? Das ist das Geschirrtuch!", fauchte die Mama.

„Magst auch Kakao?", fragte ich den Oliver.

„Die Mama hat uns schon Frühstück gemacht", sagte der Oliver.

„Sie sind ja wohl noch zu klein, um das selbst zu machen, oder?", sagte die Mama zu mir. Dann stand sie auf, klappte die BRIGITTE zu und bestrich mir zwei Brote mit Butter. Sie nahm ekelhaft viel Butter. Doch ich sagte nichts.

Als sie mir die zwei Brote zugeschoben hatte, kam die Tatjana in die Küche. Ihr Nachthemd war voll Kakao.

„Der Kakao ist ins Bett gefallen", teilte sie mit.

„Ihr geht mir auf die Nerven!", rief die Mama. Sie lief aus der Küche und knallte die Tür hinter sich zu.

Ich wollte meinen Kakao trinken und mir die alte BRIGITTE anschauen. Doch der Oliver und die Tatjana ließen mich nicht in Frieden. Die Tatjana wollte „bauen" und der Oliver wollte „boxen". Also rief ich auch: „Ihr geht mir auf die Nerven", lief aus der Küche und knallte die Tür hinter mir zu.

Am Nachmittag kam der Kurt heim. Er brachte der Mama einen Blumenstrauß mit und die Mama war gerührt.

Dann versuchte der Kurt, mit der Ilse zu reden. Sie soll doch sagen, wo sie gewesen ist, sagte er zu ihr. Sie lebe doch nicht mit Unmenschen zusammen. Er hat für viel Verständnis, sagte er.

„Amen", antwortete die Ilse darauf. Und kein Wort mehr!

Die Mama redete mit der Ilse überhaupt nicht. Dafür erzählte sie mir, dass jetzt alles anders werden wird! Sie redete so laut, dass es die Ilse hören musste. Sie sagte, dass die Ilse ab jetzt „Hausarrest" habe, dass sie immer gleich nach der Schule heimkommen müsse. Und Taschengeld bekommt sie auch keines mehr! Und neue Kleider auch nicht!

„Viel zu gut geht es ihr", rief sie. „Das ist es! Viel zu gut."

Und auf einmal galoppierte sie wie eine Furie ins Bad, riss den Spiegelschrank auf, kreischte: „Da, da, da! Alles hat sie! Alles!", und warf die ganzen Kosmetiksachen von der Ilse aus dem Schrank. Der Eyeliner ging auf den Bodenkacheln zu Scherben, der Lippenstift flog in die Badewanne, eine Tube Make-up in den Waschtisch. Es schepperte ziemlich. Der Kurt kam und bat die Mama, sie möge sich beherrschen. Die Mama biss sich auf die Unterlippe, sagte zu mir: „Räum das bitte weg" und ließ sich vom Kurt aus dem Bad führen.

Viel Hausarbeit und ein goldenes Herz an einer Kette

Am Nachmittag läutete in der Diele das Telefon. Die Mama hob den Hörer ab. Fünfmal rief sie „Schratt" hinein, doch es meldete sich niemand. Eine halbe Stunde später klingelte das Telefon wieder. Diesmal hob ich ab. Eine Männerstimme fragte: „Kann ich die Ilse sprechen?"

„Ilse, für dich!", rief ich zu unserem Zimmer hin. Die Mama lief zu mir und nahm mir den Hörer weg.

„Wer spricht, bitte?", rief sie. „So melden Sie sich doch endlich!" Dann warf sie den Hörer auf die Gabel und wollte von mir wissen, ob das eine Frauenstimme oder eine Männerstimme gewesen sei. Ich wusste nicht, was ich antworten sollte. Durch die offene Zimmertür sah ich die Ilse. Sie war vom Bett gesprungen, als ich sie gerufen hatte.

„Eine Mädchenstimme", sagte ich zur Mama. „Es hat so gerauscht in der Leitung, aber ich glaube, es war die Ulli!" Die Ilse schaute mich an. Mir kam vor, als wollte sie sagen: Gut so! Mach so weiter!

„Sicher war es die Ulli", sagte ich.

Die Ilse kam in die Diele. Weder zu mir noch zur Mama, sondern zur Wand sagte sie: „Wir wollen zusammen Mathe lernen, ich muss zu ihr gehen!"

„Du bleibst daheim", rief die Mama.

„Ich habe es ihr aber versprochen", sagte die Ilse.

Die Mama begann höhnisch zu lachen und sagte, die Ilse solle sich lieber an die Versprechen und Verpflichtungen der eigenen Familie gegenüber halten.

„Welche Verpflichtungen sind denn das? Und wen meinst

du denn eigentlich mit eigener Familie?" Die Ilse fragte mindestens genauso höhnisch wie vorher die Mama.

Die Mama und die Ilse starrten einander an, und mir fiel plötzlich auf, dass sie einander sehr ähnlich sahen. Die Mama sah wie eine alte Ilse aus. Sogar den Katzenblick von der Ilse hatte sie, als sie sagte: „Also merk dir! Ab jetzt gehst du nicht mehr weg. Wenn es sein muss, bringe ich dich sogar zur Schule und hole dich wieder ab. Du wirst mir nicht über den Kopf wachsen!"

Ich kenne meine Schwester! Und ich merkte, gleich wird etwas geschehen. Ich dachte: Entweder brüllt sie jetzt los, oder sie schlägt etwas kaputt. Ich hatte sogar Angst, sie könnte auf die Mama losgehen. Aber sie tat etwas ganz anderes. Sie nahm den Hörer vom Telefon und wählte. Ich stand neben ihr und sah, dass sie die Nummer vom Papa eintippte. Anscheinend war die Frau vom Papa am Telefon, denn die Ilse sagte: „Ich möchte den Papa sprechen."

„Das ist doch die Höhe", schrie die Mama und wollte der Ilse den Hörer aus der Hand reißen. Die Ilse ließ den Hörer nicht los. Dreimal sagte sie: „Papa, ich ...", dann hatte sie den Kampf um den Hörer verloren. Die Mama hatte den Hörer in der einen Hand, mit der anderen hielt sie sich die Ilse vom Leib. Und sie keifte in den Hörer hinein, dass sich die Ilse im Moment schrecklich benehme, dass sie sich nun anscheinend bei ihrem Vater beschweren wolle, dass dazu aber gar kein Anlass sei.

Was der Papa sagte, war nicht zu hören. Viel sagte er jedenfalls nicht, denn gleich fing die Mama wieder zu reden an. Sie jammerte, dass die Ilse erst um zwei Uhr in der Nacht heimgekommen sei und dass sie unentwegt lüge und frech sei. Und falls der Papa für so ein Benehmen Verständnis habe, dann möge er auch die Verantwortung dafür übernehmen.

Dann war sie still und nickte ein paarmal und dann hielt sie der Ilse den Hörer hin. „Na, rede doch mit deinem

Vater", sagte sie. Die Ilse nahm den Hörer. Ich konnte die Stimme vom Papa hören. Sehr schnell redete er. Was er sagte, verstand ich natürlich nicht. Die Ilse hielt den Telefonhörer bloß ein paar Sekunden lang, dann ließ sie ihn einfach fallen. Die Mama fing ihn auf, bevor er zu Boden fiel.

Mit ganz steifen Schritten ging die Ilse in unser Zimmer. Sie warf sich quer über ihr Bett und begann zu heulen. Ganz laut und schluchzend. Ich setzte mich zu ihr.

„Was hat er denn gesagt?", fragte ich.

„Er hat gesagt, dass ich brav sein soll und dass es die Mama gut meint", schluchzte die Ilse. Sie richtete sich auf. „Aber ich scheiß auf ihr Gutsein", schluchzte sie. „Da ist nichts gut dran! Alles ist besser als das da!"

Die nächste Woche war furchtbar. Die Mama hielt die Ilse wie einen Kettenhund, der auf Hausarbeit abgerichtet wird. Die Ilse musste staubsaugen und Schuhe putzen, Geschirr waschen und Schränke aufräumen. Sie machte das, ohne zu protestieren. Und sie kam auch pünktlich, zehn Minuten nach Schulschluss, heim. Nur: Die Ilse ging gar nicht in die Schule!

Am Montagmorgen auf dem Schulweg hatte sie zu mir gesagt: „Erika, sei lieb und sag in der Schule, dass ich Grippe habe!"

Ich wollte nicht.

Die Ilse erklärte mir, sie müsse sich unbedingt mit der Amrei treffen. Und sie könne das nur am Vormittag, weil sie die Mama ja am Nachmittag nicht weglässt.

Ich wollte trotzdem nicht.

„Dann bleib ich eben unentschuldigt weg", sagte die Ilse und lief hinter der Straßenbahn her, die gerade anfuhr.

„Ilse, so warte doch!", rief ich. Aber sie blieb nicht stehen. Sie drehte sich nicht einmal um.

Natürlich meldete ich meine Schwester dann doch krank. Das hatte sie anscheinend auch nicht anders erwartet, denn

zu Mittag, als sie heimkam, fragte sie mich: „Na, alles OK?"
„Sie lassen dir baldige Besserung wünschen", flüsterte ich.
Die Ilse ging auch am nächsten Tag nicht in die Schule. Und am übernächsten auch nicht. Sie ging die ganze Woche nicht in die Schule. „Grippe dauert immer eine Woche", sagte sie. Und dass die Amrei auch Schule schwänze, erzählte sie mir.

Sie erzählte mir auch, was sie an den Vormittagen alles erlebte. Lauter merkwürdige Sachen waren das. Sogar einen entlaufenen Hund fingen sie ein. Und als Belohnung schenkte ihr der Hundebesitzer ein goldenes Herz an einer Kette. Zuerst wollte ich das gar nicht glauben. Doch die Ilse zeigte mir die Kette mit dem Herz. Sie trug sie unter dem Pulli. Damit sie die Mama nicht sieht.

Lieber tot sein als hier bleiben

Am Donnerstagabend erlauschte ich einen Streit zwischen der Mama und dem Kurt. Der Kurt sagte, das sei keine Art, wie die Mama mit der Ilse umgeht. Die Mama war fuchsteufelswild und rief, der Kurt habe eben keine Autorität! Deshalb sei die Ilse so geworden! Weil er nie Vaterstelle an ihr vertreten habe!

Der Kurt sagte, dass er das ja gern getan hätte. Aber die Ilse habe ihn von Anfang an nicht leiden können.

„Das hast du dir bloß eingeredet", rief die Mama.

„Ich habe mir gar nichts eingeredet", rief der Kurt. „Du hast es bloß nicht merken wollen! Du merkst ja nie, was du nicht merken willst!"

Dann fing die Mama zu weinen an und schluchzte: „Ich halte das einfach nicht mehr aus! Jeder sagt mir, was ich falsch mache, aber keiner sagt mir, wie ich es besser machen soll!"

Ich ging in unser Zimmer und erzählte der Ilse, was ich gehört hatte.

„Interessiert mich nicht mehr", sagte die Ilse. Und dann redete sie über eine Stunde auf mich ein und ich bekam Herzklopfen und Ohrensausen und Bauchweh vor lauter Aufregung und Angst und Traurigkeit.

„Nein, da mache ich nicht mit", protestierte ich. Doch die Ilse sagte, wenn ich ihr nicht helfe, dann bringt sie sich um. Sie will lieber tot sein als weiter hier bleiben. Da ist mir nichts anderes übrig geblieben, als nachzugeben.

Am Freitagnachmittag haben die Ilse und ich in unserem Zimmer gesessen. Sie hat in einem Asterix gelesen, ich in einem Donald Duck. Sie hat nicht gezittert, aber meine Hände haben so stark gezittert, dass sämtliche Ducks gewackelt haben. Um halb vier hat sie dann gesagt: „So, jetzt fang an!"

Ich ging leise in die Abstellkammer und holte den großen, karierten Koffer. Ich trug ihn in unser Zimmer.
„Willst du es dir nicht noch überlegen?", fragte ich.
Die Ilse schüttelte den Kopf.
So holte ich die große Schachtel mit Legosteinen unter meinem Bett hervor und schleppte sie zum Oliver und zur Tatjana ins Zimmer.
„Das schenke ich euch", sagte ich. Die beiden brüllten vor Begeisterung, kippten die Schachtel und gruben im Legosteinhaufen. Es war sicher: Die zwei waren für die nächste Stunde beschäftigt! Dann nahm ich mein Mathe-Heft und ging zur Mama ins Wohnzimmer. Ich hielt ihr das Heft zwischen das Kreuzworträtsel und die Nase und sagte: „Ich kenn mich da nicht aus!"
Die Mama meinte, der Kurt könne das besser, ich solle auf den warten. Ich jammerte, dass der Kurt doch immer so spät heimkomme und dass ich die Hausaufgaben morgen abgeben müsse. Die Mama seufzte und schlug das Heft auf. Ich zeigte auf eine besonders schwierige Aufgabe. Nicht für mich schwierig, sondern für die Mama. Weil die nichts von Mathematik versteht. Die Mama versuchte das Beispiel zu lösen. Aber sie war sehr ungeduldig. Bald schob sie mein Heft weg. „Sinnlos", sagte sie. „Ich bin ein Mathe-Trottel!"

Die Ilse hatte von mir verlangt, dass ich die Mama eine ganze Stunde beschäftige. Es waren aber kaum zehn Minuten vergangen! So fragte ich: „Machen wir das Kreuzworträtsel zu zweit?"
Die Mama mochte nicht.
„Darf ich dir wenigstens zuschauen?", fragte ich.

Da wurde die Mama misstrauisch. „Ist was?", fragte sie. „Willst du mir etwas sagen?"

Ich fand, nun sei es besser zu gehen. Ich verließ das Wohnzimmer. In der Diele hörte ich Geschrei aus dem Kinderzimmer.

„Uns beiden hat sie die Steine geschenkt", rief der Oliver.

„Nein, nur mir!", brüllte die Tatjana.

Die Tatjana ist wirklich ein widerliches Kind. Und die Einzigen, die das nicht merken, sind der Kurt und die Mama. Ich freute mich richtig, als ich es laut klatschen hörte, weil der Oliver der Tatjana eine runtergehauen hatte. Wenn die Tatjana brüllt, kommt die Mama sofort angerannt. Also lief ich hurtig in unser Zimmer und schloss die Tür hinter mir. Die Ilse lehnte an der Wand beim Schrank. Sie hatte den roten Mantel an und die weiße Mütze auf dem Kopf und ihr Gesicht war fast so weiß wie die Mütze. Ich sah sie an. Ich hätte am liebsten geheult. Ich begriff erst jetzt so richtig, was das bedeutete. Was es für mich bedeutete! Aufwachen, und Ilse ist nicht da. Einschlafen, und Ilse ist nicht da. Essen ohne Ilse. Aufgaben machen ohne Ilse. Alles ohne Ilse.

Ich wollte ihr sagen, dass sie bleiben muss, weil ich sie brauche. Weil ich sonst ganz allein bin. Weil wir doch zusammengehören und weil ich nicht weiß, wie ich ohne sie leben soll.

Ich sagte es nicht. Es ist ja nicht ihre Schuld, dass ich sie viel mehr liebe als sie mich.

Die Ilse kaute an ihrem Zeigefinger und horchte auf das dreistimmige Gebrüll aus dem Kinderzimmer.

Endlich verstummte das Geschrei. Eine Tür fiel zu. Und noch eine Tür.

„Jetzt ist sie wieder im Wohnzimmer", sagte ich.

Die Ilse nahm den Finger aus dem Mund und ging zum Fenster. Sie schaute auf die Straße hinunter. Ich stand neben ihr.

„Kommt die Amrei mit dem Taxi?", fragte ich. Die Ilse nickte.
„Hat sie die Fahrkarten?", fragte ich. Die Ilse nickte.
„Wirst du mir schreiben?", fragte ich. Die Ilse nickte.
Plötzlich sagte sie: „Ist schon da", drehte sich um, schnappte ihren Koffer und war weg. Die Wohnungstür fiel leise zu. Nicht einmal „Auf Wiedersehen" hatte sie zu mir gesagt.
Ich blieb beim Fenster. Ich sah keine Amrei und kein Taxi. Bloß ein roter BMW parkte vor unserem Haus.
Die Ilse kam aus dem Haustor. Sie schaute nicht zu mir herauf. Sie machte die hintere Tür vom BMW auf und schob den Koffer hinein. Dann stieg sie vorne, neben dem Fahrer, ein. Und ich Trottel dachte mir: Es gibt also auch Taxis, die auf dem Dach keine leuchtende Schrift haben!

Der rote BMW fuhr ab und ich fing zu heulen an. Ich schaute, durch die Tränen durch, hinter dem BMW her, bis er nicht mehr zu sehen war. Dann ging ich vom Fenster weg und hob ein paar Sachen auf, die die Ilse liegen gelassen hatte: einen Lippenstift, ein Taschentuch, einen BH mit ausgeleiertem Gummiteil und einen Knopf.
Ich warf die Sachen in den Papierkorb, setzte mich an meinen Schreibtisch und machte Hausaufgaben. Mit dem Kugelschreiber schrieb ich. Hätte ich die Füllfeder genommen, hätten die Tränen, die dauernd aufs Papier tropften, alles verwischt.

Ziemlich lange saß ich so da und rechnete. Als die Mama die Tür aufmachte, weinte ich schon längst nicht mehr.
„Wo ist die Ilse?", fragte die Mama.
„Sie ist sich ein liniertes Heft kaufen gegangen", antwortete ich.
„Wann?", fragte die Mama.
Ich sagte, dass ich nicht auf die Zeit geachtet habe.
„Hat sie denn Geld?", fragte die Mama. Seit dem großen Krach hatte ihr die Mama ja kein Taschengeld mehr gegeben.

Ich sagte, dass ich das auch nicht wisse.

Die Mama ging in die Küche. Nach einer halben Stunde kam sie wieder. „So lange braucht man nicht zum Heftkaufen", sagte sie.

Dann fragte sie mich: „Hast du geweint?"

Ich murmelte etwas von einem Schnupfen und nieste dazu.

Dann kam der Kurt aus der Redaktion nach Hause. Die Mama erzählte ihm sofort, dass die Ilse weggegangen sei. Trotz Verbot!

Der Kurt setzte sich ins Wohnzimmer, mixte sich einen Martini und sagte zur Mama: „Sei mir nicht böse, aber darauf habe ich schon lange gewartet. Wenn man fünfzehn Jahre ist, lässt man sich nicht einsperren wie ein Hase im Stall!" Und dann sagte er noch:

„Und wenn sie kommt, mach bloß nicht wieder so ein Theater wie das letzte Mal!"

Wir aßen um acht Uhr Abendbrot. Dann brachte die Mama den Oliver und die Tatjana ins Bett und dann begann sie, mich zu verhören. Mir war scheußlich zumute, aber ich blieb dabei, dass ich gar nichts weiß. Die Mama tat mir Leid. Ich merkte, dass sie nicht bloß wütend war, sondern Angst hatte.

Der Reisepass ist weg und das Sparbuch ist leer

Am nächsten Morgen wurde ich früh wach. Es roch nach Kaffee. Ich ging in die Küche.

„Sie ist noch immer nicht da", sagte die Mama. Und dann fragte sie: „Weißt du, wo der Reisepass von der Ilse ist?"

„Natürlich", sagte ich, lief ins Wohnzimmer und kramte in den Schubladen des Sekretärs herum und wunderte mich, wie scheinheilig ich mich benehmen konnte. Vor genau dreiundzwanzig Stunden war ich ins Wohnzimmer geschlichen, hatte den Pass aus der mittleren Lade geholt und der Ilse gegeben.

Die Mama war hinter mir hergekommen. Sie sagte: „Da ist er eben nicht!"

„Dann hat sie ihn halt mitgenommen", rief der Kurt aus dem Schlafzimmer.

„Halt mitgenommen, halt mitgenommen!", rief die Mama. Sie lief im Wohnzimmer auf und ab. „Weißt du, was das heißt?"

Der Kurt kam aus dem Schlafzimmer heraus. Seine Haare waren verstruwwelt, er sah recht unglücklich aus.

„Sie ist ins Ausland", kreischte die Mama. „In die Türkei, oder was weiß ich wohin!"

Ich stand neben dem Kurt. Ich hörte genau, wie er „blöde Gans" murmelte. Er merkte, dass ich es gehört hatte, und schaute mich erschrocken an. Ich lächelte ihm zu.

„Wie viel Geld hat sie eigentlich?", fragte der Kurt.

„Keines", rief die Mama. „Ich habe ihr doch das Taschengeld gestrichen!"

„Aber sie hat doch ein Sparbuch", sagte der Kurt.

Die Mama riss die unterste Lade vom Sekretär auf. Sie zog das Sparbuch von der Ilse heraus. „Nein, nein", sagte sie erleichtert, „da ist es ja, da ist es ja ..." Doch dann blätterte sie im Sparbuch und wurde weiß im Gesicht und ihre Hände zitterten. „Alles abgehoben", murmelte sie. „Gestern abgehoben!"

Der Kurt wollte wissen, wie viel Geld auf dem Sparbuch gewesen sei.

„Zwölftausend", stöhnte die Mama.

„Zwölftausend?" Der Kurt staunte mächtig.

„Natürlich", rief die Mama. „Das ist doch das Geld, das sie jahrelang von den Großeltern und den Tanten und Onkeln bekommen hat!"

Jetzt weinte die Mama wieder. „Sogar das Geld von der Taufe ist dabei!"

„Von der Taufe?" Der Kurt machte ein Gesicht, als ob ihm ein Geist erschienen wäre. „Und wieso", fragte er, „kann sie sich dann keinen Zottelpelz kaufen und keine hellblauen Skischuhe, wenn sie so viel Geld hat?"

„Weil sie so einen Irrsinn nicht braucht", rief die Mama. Und dann wollte sie zur Polizei gehen. Der Kurt war dagegen. Sie solle vorher den Papa anrufen, meinte er. Und die Oma. Vielleicht sei die Ilse bei einem von ihnen.

Die Mama rief: „Lächerlich! Wäre sie zur Oma, hätte sie das Geld nicht abgehoben! Und wäre sie zu ihrem Vater, hätte der längst angerufen. Meinst, der will sie? Glaubst, der braucht sie?"

Die Mama schnäuzte sich und wischte die verschmierte Wimperntusche von den Augen. „Dem sind seine Töchter doch völlig schnuppe."

„Halt den Mund", sagte der Kurt. Er schüttelte den Kopf und deutete auf mich. Wahrscheinlich wollte er der Mama sagen, dass man vor Kindern nicht so über ihre Väter redet. Ich setzte mich aufs Fensterbrett und schaute in den Hof hinunter.

Die Mama begriff, was der Kurt gemeint hatte. Sie stotterte: „Aber nein, so habe ich es nicht gemeint. Ich meine ja nur, also, natürlich mag er seine Töchter, ist ja klar."

Solche Reden gehen mir unheimlich auf die Nerven. Mir braucht keiner zu sagen, wer mich gern hat. Ich glaube es sowieso nicht.

Die Mama kann keine Eier braten und der Kurt wird bleich

Der Kurt wollte Frühstück haben. Die Mama sagte, sie habe jetzt keine Zeit, Frühstück zu kochen. Und es sei ihr so übel im Bauch, dass sie keine Spiegeleier braten könne. Wenn sie bloß an Spiegeleier denke, werde ihr ganz grün im Bauch.

Ich sagte, ich würde dem Kurt gern Eier braten. Nur leider komme ich dann zu spät in die Schule.

„Habt ihr heute etwas Wichtiges?", fragte die Mama.

Ich log, dass wir bloß zwei Stunden Zeichnen und zwei Stunden Turnen hätten. Die Mama meinte: „Dann bleib bitte daheim und kümmere dich um die Kleinen, sie werden bald aufwachen!"

Der Kurt ging ins Bad, die Mama ging zur Polizei und ich ging in die Küche, machte Spiegeleier und dachte: Jetzt sind die Ilse und die Amrei schon in London! Jetzt kann die Mama ruhig zur Polizei gehen!

Ich dachte auch daran, dass die Englischkenntnisse von der Ilse vielleicht nicht ausreichen, um mit zwei kleinen Kindern zurechtzukommen, und dass die Ilse nicht der richtige Mensch ist, um zwei kleine Kinder zu hüten. Und ich hoffte, dass die Kinder, auf die sie aufzupassen hatte, nicht solche Biester wie die Tatjana sein würden.

Die Mama blieb lange weg. Als sie zurückkam, weinte sie. Sie ließ sich in der Küche auf einen Stuhl fallen, legte die Arme auf den Tisch und den Kopf darauf.

Der Kurt wurde bleich und zuckte mit der rechten Augenbraue. Das tut er immer, wenn er sich aufregt. „Ist ihr etwas zugestoßen?", rief er. „So sag schon!"

Die Mama heulte bloß weiter. Der Kurt rüttelte an ihrer Schulter. Die Mama hob den Kopf, steckte die Nase ins Taschentuch und nuschelte: „Es war so demütigend, so primitiv!"

Der Kurt bekam wieder Farbe ins Gesicht. Seine Augenbraue hörte zu zucken auf. Er sagte: „Du machst vielleicht ein Theater!"

„Was die mich gefragt haben!", rief die Mama. „Ob sie oft in der Nacht weg war! Und ob sie vielleicht ein Kind bekommt!"

„Müssen sie doch", sagte der Kurt.

„Und was dort für Leute herumgesessen sind", jammerte die Mama.

„Richtig gestunken haben die Leute!"

„Und sonst?", fragte der Kurt.

„Gar nichts war sonst!" Nun schluchzte die Mama wieder. „Sie werden sie schon finden, haben sie gesagt. Aber wenn sie im Ausland ist, kann das schwierig werden. Und lange dauern!"

Die Amtsrätin zieht ein und auf der Post ist kein Brief

Seither sind eine Woche und ein Tag vergangen. Jeden Tag ist der Kurt auf der Polizei nachfragen gewesen. Aber die Polizei weiß nichts von der Ilse.

Der Papa war auch bei uns. Er hat der Mama einen Krach gemacht. Sie hat auf seine Tochter nicht gut genug aufgepasst, hat er gesagt. Ich habe der Mama gesagt, dass ich den Papa nicht mehr sehen will. Die Mama hat mir erklärt, ich muss ihn trotzdem jeden zweiten Samstag treffen. Weil das der Richter so bestimmt hat. Aber wenn ich zwei Jahre älter sein werde, hat die Mama gesagt, dann kann ich vor Gericht gehen und sagen, dass ich keinen Wert mehr auf die Vaterbesuche lege. Dann bin ich groß genug dazu.

In der Schule ist noch immer große Aufregung wegen der Ilse. Alle Lehrer und alle Mädchen aus ihrer Klasse fragen mich jeden Tag, ob es schon eine Spur gibt. Nur die Helli fragt mich nie. Das wundert mich. Sie war doch immer die Freundin von der Ilse. In jeder Pause sind sie zusammen auf dem Gang herummarschiert und haben miteinander geredet.

Jeden Tag nach der Schule gehe ich aufs Postamt und frage, ob ein Brief für Erika Janda da ist. Die Ilse hat mir versprochen, postlagernd zu schreiben, sobald sie in London bei der Familie mit den zwei Kindern ist.

Aber bis jetzt ist noch kein Brief gekommen. Das Postfräulein schaut mich schon sehr komisch an, wenn ich nachfragen komme.

Zu Hause ist es trostlos ohne Ilse. Und zu allem Unglück ist auch noch die Amtsrätin zu uns gezogen. Die Amtsrätin ist die Mutter vom Kurt. Sie hat beschlossen, der Mama in der „schweren Zeit" beizustehen. Ob die Mama das will, hat sie nicht gefragt. Die Amtsrätin geht sogar ihrem Sohn auf die Nerven. Sie kommandiert uns alle herum. Jeden Nachmittag schickt sie mich mindestens viermal einkaufen. Einmal um Salz, einmal um Milch, einmal um Fleisch und einmal um Brot.

„Könntest du mir nicht alles auf einmal sagen, dann müsste ich nicht dauernd rennen", sagte ich gestern, sehr höflich, zu ihr. Doch das fand sie frech. Außerdem muss ich unentwegt Geschirr waschen und abtrocknen, denn die Amtsrätin braucht zum Tischdecken doppelt so viel Geschirr wie ein normaler Mensch. Zu allem braucht sie Untertassen und sieben verschiedene Löffel und Messer. Das Coca-Cola zum Essen will sie mir auch verbieten.

Eben jetzt hat es wieder Krach mit ihr gegeben. „Erika, an der Wohnungstür sind schwarze Fingerabdrücke", sagte sie zu mir. Ich nickte. An der Tür sind immer schwarze Fingerabdrücke.

„Na, dann geh schon", rief sie.

„Wohin?", fragte ich. Ich wusste wirklich nicht, was sie meinte. „Unerhört!", schnaufte sie. Sie drückte mir einen Lappen in die Hand und eine Flasche mit Stinkzeug. „Tür putzen", sagte sie.

Ich wollte nicht. Die Mama schaute mich flehend an, aber ich wollte trotzdem nicht.

„Ich mach es schon", sagte die Mama und nahm mir den Lappen und das Stinkzeug ab.

„Lotte, ich habe es deiner Tochter gesagt und nicht dir", rief die Amtsrätin. Da drückte mir die Mama wieder den Lappen und das Stinkzeug in die Hände. Ich knirschte mit den Zähnen und ging zur Tür. Ich bin nicht faul, aber es hat keinen Sinn, die Tür zu putzen, weil sie eine Stunde später doch wieder verdreckt ist. Ich konnte einfach nicht einsehen, warum die Mama sich nicht traute, das der Amtsrätin zu sagen.

Aus der Küche hörte ich die Stimme der Amtsrätin: „Was mit der Ilse passiert ist, sollte dir eine Lehre sein. Da sieht man, wo man hinkommt, wenn Kinder nicht lernen, sich unterzuordnen!"

Ich putzte die Tür. Gerade als sie blitzblank war, kam die Tatjana. Ihre Finger waren voll Marmelade. Sie grinste mich an und grapschte mit allen fünf Marmeladefingern auf die Tür.

„Verschwinde, du Bestie", sagte ich und zog sie von der Tür weg. Sie begann zu kreischen und biss mich in die Hand. Ich haute ihr eine runter, sie brüllte ganz laut. Die Amtsrätin galoppierte aus der Küche, hob Tatjana hoch, schaukelte sie sanft hin und her und murmelte dazu: „Schatzilein, ist ja schon gut!"

Über den Kopf der Tatjana hinweg schaute sie mich an. So, als ob ich das fürchterlichste Wesen auf der ganzen Welt wäre. Mein einziger Trost war, dass die Tatjana mit allen fünf Marmeladefingern in die lila Locken der Amtsrätin hineingriff. Als die Amtsrätin merkte, dass da etwas an ihren Haaren klebte, ließ sie die Tatjana einfach fallen. Die Tatjana rutschte über den Bauch der Amtsrätin hinunter und hörte vor lauter Verwunderung zu brüllen auf. Dafür begann in diesem Moment der Oliver zu schreien. Er hatte sich mit der Schere in den kleinen Finger geschnitten.

„Wer gibt so einem kleinen Kind auch eine Schere?", entsetzte sich die Amtsrätin und wusste nicht, ob sie den Oliver trösten oder die Marmelade aus den Haaren waschen sollte.

Und dann fing die Mama zu schreien an. Sie schrie, dass ihre Nerven total kaputt seien und dass sie all das Geschrei und Gebrüll und Gekeif nicht mehr aushalte.

Da war die Amtsrätin beleidigt. Sie sagte, wir seien undankbar. Und sie werde sofort das Haus verlassen.

Ich wartete den ganzen Nachmittag über, dass uns die

Amtsrätin verlässt. Aber die alte, scheinheilige Ziege blieb so lange, bis der Kurt aus der Redaktion kam. Erst dann begann sie zu packen und ihm dabei ihr Leid zu klagen. Sie stopfte ihre Reisetasche voll und klagte dabei: „Man will mich hier nicht, ich gehe!"

„Die Lotte hat das sicher nicht so gemeint", sagte der Kurt. Es klang ziemlich lahm, doch der Amtsrätin genügte es. Sie packte ihren Kram wieder aus und verzieh der Mama. Zum Kurt sagte sie, dass sie im Interesse ihrer Enkel bei uns bleibt. Damit aus denen etwas wird. (Mich hat sie damit sicher nicht gemeint.)

Wenn wenigstens ein Brief für mich auf der Post wäre! Die Ilse muss doch wissen, dass ich auf einen Brief von ihr warte! Das Postfräulein hat gesagt, ein Brief aus London dauert zwei Tage, höchstens drei. Und Briefe gehen nur ganz selten verloren! Wenn ich nur die Adresse von der alten Tante von der Amrei wüsste! Die hat der Ilse den Kindermädchenjob verschafft. Dann könnte ich der alten Tante schreiben und die könnte meinen Brief der Ilse schicken. Hoffentlich ist morgen ein Brief für mich auf der Post!

Die Amrei geht in die Tanzschule und mir wird übel

Mir ist übel. Im Kopf, im Bauch, überall. Mir ist so übel, dass man es mir ansieht. Ganz grün bin ich im Gesicht, hat die Mama gesagt. Sie meint, ich kriege Scharlach. Weil bei uns im Haus ein Kind Scharlach hat.

Aber ich habe überhaupt keine Krankheit. Mir ist mitten auf der Straße so übel geworden. Ich gehe von der Schule heim, da sehe ich plötzlich ein sehr großes, dünnes Mädchen vor mir. Das Mädchen hat rotblonde Locken und eine blitzblaue Lederjacke. So eine Jacke und solche Haare sind selten. Mein Herz beginnt zu klopfen. Ich mache drei schnelle Schritte und hole das Mädchen ein. Mein Herz klopft wie ein Presslufthammer, denn das Mädchen ist tatsächlich die Amrei!

„Was ist denn passiert?", frage ich. „Bist du allein zurückgekommen? Oder ist die Ilse auch wieder da?"

Die Amrei schaut mich ganz erstaunt an. „Was ist los?", fragt sie. Sie beugt sich zu mir. Unter dem Arm hat sie eine Schultasche. Ein Lineal und die Ecke von einem Geo-Dreieck schauen aus der Tasche.

„Wieso bist du denn hier?", frage ich und spüre, dass mir ein großer Knödel im Hals steckt.

„Na, weil ich zur Nachhilfestunde gehe", sagt die Amrei. Und dann sagt sie noch, ich soll meiner Schwester liebe Grüße ausrichten. Und sie wird bald einmal anrufen. Aber sie hat jetzt so wenig Zeit. Sie geht in die Tanzschule. Und in Mathe muss sie Nachhilfe nehmen. Und außerdem hat sie einen Freund. Und der beansprucht ihre ganze karge Freizeit.

Da wird mir übel.

Die Amrei sagt „Tschüs" und rennt zur Haltestelle, weil bei der Kreuzung die Straßenbahn um die Kurve bimmelt. Ich schaue der Amrei nach und mir wird noch viel übler.

Ich wollte nicht nach Hause gehen. Ich ging in den Supermarkt, nahm mir einen Wagen und fuhr an den Regalen entlang. Ich dachte: Sie hat mich belogen. Die Amrei ist gar nicht von daheim weggelaufen. Sie hat mich angelogen. Die Amrei weiß nicht einmal, dass sie weg ist.

Dann schaute mich eine Verkäuferin so komisch an, weil ich mit dem leeren Wagen schon zum hundertsten Mal an ihr vorbeikam. Ich stellte den Wagen ab und ging heim.

Die Mama hat gerade zu mir ins Zimmer geschaut. Ob ich etwas brauche, hat sie gefragt. Aber ich brauche nichts. Ich liege da und denke nach und komme nicht dahinter, warum mich die Ilse belogen hat. Und ich verstehe auch nicht, warum ich so blöd war, alles zu glauben. Die Ilse ist ohne Amrei weg. Also ist sie wahrscheinlich auch gar nicht in London. Und auch nicht Kindermädchen. Ich weiß genauso wenig wie die Mama und die anderen, wo die Ilse ist!

Man kann nicht tagelang im Bett liegen und krank sein, wenn man keinen Scharlach und auch sonst nichts hat, nicht einmal erhöhte Temperatur.

Der Kurt hat zu mir gesagt, wenn ich mich elend fühle, soll ich ruhig im Bett bleiben. Ganz egal, was die „Weiber" meinen. Er hat wirklich „Weiber" gesagt. Der Kurt kümmert sich in letzter Zeit sehr viel um mich. Ich glaube, er bemüht sich, die „Vaterstelle" an mir zu vertreten.

Einer stottert, einer sieht schlecht und einer lügt

Ich habe mich angezogen und gesagt, dass ich zur Chorprobe gehen muss. Fürs Weihnachtssingen.

„Jetzt schon?", hat die Mama gefragt.

„Ja", habe ich gesagt, „weil alle so falsch singen. Da müssen wir lang üben!"

Das stimmt sogar. Der Chor übt wirklich schon für das Weihnachtssingen. Bloß singe ich nicht im Chor mit. Ich wollte einfach mit jemandem reden, dem ich die Wahrheit sagen konnte. Außerdem war ich ohnehin schon viel zu lange nicht mehr bei der Oma gewesen.

Die Oma war nicht daheim. Ich hörte den Opa hinter der Tür herumgehen und murmeln. Er redet oft mit sich selber. Ich klopfte laut an die Tür. Der Opa ist schwerhörig. Der Opa hat nicht einmal das laute Klopfen gehört.

Ich setzte mich auf das Fensterbrett vom Gangfenster und schaute in den Hof hinaus. Dort haben die Ilse und ich früher immer gespielt. Die Ilse hat meistens Prinzessin gespielt. Mit einem alten Vorhang als Schleppe. Die Schleppe habe ich getragen. Leider war kein Prinz für die Ilse da. Mir wurde kalt. Es zog durch das Gangfenster. Eine Scheibe war kaputt. Ich beschloss, die Oma zu suchen. Die geht nie weit weg. Ich ging zur Milchfrau. Dort war sie nicht. Aber die Milchfrau freute sich, mich zu sehen. „Schau zum Fleischer", riet sie mir. Ich ging die Straße zum Fleischer hinunter. An der Ecke kam mir die Oma entgegen.

„Hat dir der Opa nicht aufgemacht?", fragte sie mich. Und dann erzählte sie mir, dass der Opa jetzt noch schlechter

hört. Aber seit drei Tagen, sagte sie zufrieden, hat er nicht mehr komisch geredet, sondern sehr vernünftig.

„Weißt du, dass die Ilse weg ist?", fragte ich die Oma.

Sie nickte.

„Wer hat es dir denn gesagt?", fragte ich.

„Der neue Mann von eurer Mutter war bei mir", sagte die Oma. „Dieser Kurt. Eigentlich ein netter Mensch. Und er hat mir versprochen, dass er gleich zu mir kommt und es mir sagt, wenn sie wieder da ist!"

Ich war froh, bei der Oma zu sein. Bei der Oma war alles einfacher. Jetzt war ich auch fast sicher, dass die Ilse bald wiederkommen würde.

„Wie es ihr nur gehen mag?", murmelte die Oma. „Hoffentlich geht es ihr gut!" Sie schloss die Wohnungstür auf.

Die Oma war die Einzige, die gefragt hatte, wie es der Ilse wohl ging. Die Einzige, die sich gewünscht hatte, dass es der Ilse gut ging.

Der Opa saß in der Küche und reparierte den Stecker der Nachttischlampe. Er erkannte mich und die Oma freute sich darüber. Er wusste auch, dass die Ilse weg war. Aber es interessierte ihn nicht sehr. Er redete dauernd von den Klemmen im Stecker, die verbrannt waren. Die Oma ging mit mir ins Zimmer. Ich erzählte ihr alles, was ich wusste. Und als ich dann sagte: „Ich verstehe nicht, warum sie mich angelogen hat", sagte die Oma: „Aber Erika, sie lügt doch immer!"

Ich war ganz verwirrt. Nicht nur deswegen, weil die Ilse angeblich immer log und ich es nicht wusste, sondern weil die Oma das so freundlich sagte. So, als ob Lügen etwas ganz Selbstverständliches wäre.

„Schau nicht so!", sagte die Oma. „Das ist nicht so furchtbar. Einer stottert, einer sieht schlecht und der Dritte lügt eben!" Die Oma lächelte. „Mein Gott, was hat die Ilse nicht alles zusammengelogen!"

„Was denn?", fragte ich.

Die Oma dachte nach. Dann sagte sie: „In der Volksschule

hat sie der Lehrerin erzählt, dass sie in einem Haus mit zehn Zimmern wohnt und dass ihr Vater einen Eissalon hat. Und mir hat sie erzählt, dass sie statt der alten, grantigen Lehrerin eine junge, ganz liebe bekommen hat. Und der Nachbarin hat sie erzählt, dass ihre Mama einen Zirkusdirektor heiraten wird." Die Oma kicherte.

„Und von einem Schulfreund hat sie mir erzählt. Von einem großen Blonden. Der hat ein elektrisches Kinderauto gehabt. Und war der Beste in der Klasse. Rainer hat der geheißen." Die Oma hörte zu kichern auf und schaute ein bisschen traurig. „Aber den Rainer hat es gar nicht gegeben. In der Klasse war überhaupt kein großer Blonder. Und der Klassenbeste war ein kleiner Dicker, der die Ilse immer geärgert hat!"

Ich fragte die Oma: „Hast du ihr nie gesagt, dass sie lügt?" Die Oma schüttelte den Kopf. „Aber geh", sagte sie, „das mag doch niemand, wenn man ihm das sagt! Und warum sie gelogen hat, habe ich doch gewusst!" Die Oma fasste sich mit dem Daumen und dem Zeigefinger an die dicke Nase und rieb sich den Nasenrücken. Das macht sie immer, wenn sie nachdenkt. „Sie hat eben erzählt, wie sie es gern hätte!"

Ich fragte: „Und wieso hat die Mama nicht gemerkt, dass die Ilse lügt?" Meine Mama mag nämlich Lügen nicht. Meine Mama hätte die Lügen der Ilse nie so hingenommen wie die Oma.

Die Oma zögerte. „Also deine Mama", murmelte sie, „deine Mama!" Sie seufzte, rieb wieder an der Nase herum und sagte: „Jedenfalls muss man sich um einen Menschen kümmern, damit man merkt, dass er lügt."

Die Oma meinte also, dass sich die Mama nie um die Ilse gekümmert hat. Ich hatte das Gefühl, die Mama verteidigen zu müssen, doch mir fiel nichts dazu ein. Absolut nichts!

„Wenn die Ilse weiter bei mir gewohnt hätte", sagte die Oma, „wäre sie nicht weggelaufen. Und wenn sie weggelaufen wäre, dann hätte ich gewusst, wo ich sie suchen muss!"

Herbert, Nikolaus und Alibaba

Die Oma hat gestern gesagt, sie würde wissen, wo sie die Ilse suchen müsste, wenn die Ilse noch bei ihr wohnte.

Ich weiß nicht, wo ich die Ilse suchen soll, aber ich werde sie trotzdem suchen! Ich habe auch schon eine Idee, wo ich zu suchen anfange. Ich fange bei der Helli an! Mir ist nämlich eingefallen: Vielleicht fragt mich die Helli nur deshalb nicht nach der Ilse, weil sie mehr weiß als ich! Und heute in der Pause bin ich zu ihr gegangen.

„Ich muss mit dir reden", habe ich gesagt.

„Jetzt hab ich keine Zeit", hat die Helli gemurmelt und ist zum Turnsaal gerannt.

Morgen wird sie mir nicht entwischen! Ich werde vor dem Schultor auf sie warten. Und dann werde ich neben ihr hergehen und sie so lange fragen, bis sie mir Antwort gibt. Wenn es sein muss, kann ich sehr hartnäckig sein!

Ich habe vor dem Schultor auf die Helli gewartet. Sie kam erst ziemlich spät heraus. Ich dachte: Red nicht lang herum, das nützt sowieso nichts! Also fragte ich sie: „Helli, weißt du, wo die Ilse ist?"

Zuerst war die Helli recht unfreundlich und hat mich wie ein dummes Baby behandelt. Aber dann ist sie vernünftig geworden und hat gesagt, dass sie gar nichts weiß. Und dass es eine Gemeinheit von der Ilse ist, der besten Freundin nichts zu sagen. Das Einzige, was sie weiß, hat sie gesagt, ist, dass die Ilse mit dem Herbert Plank eine geheime Liebschaft gehabt hat. Der Herbert Plank geht in die siebte Klasse.

„Ist der auch weg?", habe ich die Helli gefragt.

„Nein", hat die Helli gesagt. „Den schönen Herbert habe ich heute auf dem Gang gesehen. Der ist da!"

Ich habe wissen wollen, ob sich die Helli beim Herbert Plank nach der Ilse erkundigt hat. Da war die Helli ganz entsetzt.

„Mit dem habe ich noch nie geredet", sagte sie. „Für die blöden Kerle aus der Siebten ist man doch Luft, wenn man nicht so aussieht wie deine Schwester!"

Ich sehe meiner Schwester überhaupt nicht ähnlich und ich bin für den Herbert Plank wahrscheinlich noch weniger als Luft, doch jetzt gehe ich zu ihm!

Der Herbert Plank wohnt in der gleichen Straße wie wir. Ich habe mir seine Adresse aus dem Telefonbuch herausgesucht.

Oh Gott! Ich habe den Besuch beim Herbert Plank hinter mir! Leicht war das nicht! Als ich an der Wohnungstür klingelte, hatte ich Angstschweiß auf der Stirn. Und ich kam nicht mehr dazu, ihn wegzuwischen, weil die Tür gleich aufging. Ein Junge, ungefähr so groß wie der Oliver, hatte sie aufgemacht.

„Ich möchte mit deinem Bruder reden", sagte ich.

„Mit welchem?", fragte er.

„Mit dem Herbert", sagte ich.

„Da ist eine, die will den Herbert", rief der Kleine. Ich ging zwei Schritte in die Diele hinein, obwohl ich lieber tausend Schritte weggelaufen wäre. Und dann – ich dachte, ich versinke in den Erdboden – dann gingen etliche Türen auf. Zuerst kam eine Frau mit einer blauen Schürze, dann kam eine Frau mit blonden Locken und dann eine Frau mit weißen Haaren. Und dann kamen zwei Jungen, die nicht der Herbert Plank waren, die ich aber schon irgendwo in der Schule gesehen hatte. Sooft eine neue Person in die Diele kam, brüllte der Kleine: „Sie will den Herbert!"

Ich stand in der Mitte der Diele, die anderen lehnten an den Türen und schauten mich an. Dann rauschte eine

Wasserspülung und die Klotür ging auf und der Herbert Plank fragte: „Wer will mit mir reden?"

Ich habe sonst keine Waldmausstimme, doch als ich „Ich, bitte" sagte, piepste ich wie das jüngste Kind der Waldmaus. Der Herbert Plank ist mindestens einen Meter neunzig und in einem Film könnte er ruhig als schönster Jüngling der Stadt mitspielen.

Er hatte Jeans und ein schwarzes T-Shirt an, auf das ein Goldflitter-Adler gestickt war. Er war barfuß. Er hatte lange, dünne Zehen. Ich starrte auf die Zehen.

„Was willst du denn?", fragte der Herbert Plank. Die Zuschauer hielten gespannt den Atem an.

„Ich will mit dir allein reden!" Obwohl ich mich dreimal geräuspert hatte, piepste ich wieder wie das Waldmausbaby.

„Na, dann komm", sagte der Herbert und zeigte auf eine Tür. Ich ging auf die Tür zu, er hinter mir her. Vor der Tür überholte er mich, machte die Tür auf und ließ mich eintreten. Dann machte er die Tür zu, bot mir den Schaukelstuhl zum Sitzen an, hockte sich auf sein Bett und schaute mich an.

„Es ist wegen meiner Schwester", sagte ich.

Er schwieg.

„Die ist doch seit zehn Tagen fort", sagte ich.

Er schwieg.

„Und ich möchte wissen, ob du eine Ahnung hast ..." Nun wusste ich einfach nicht weiter.

„Wer bitte", fragte der Herbert, „ist deine Schwester?"

„Die Ilse", sagte ich. „Die Ilse Janda!"

„Tut mir Leid", sagte er. „Die kenne ich nicht!" Er sah aus, als ob es ihm wirklich Leid täte.

Ich wollte aufstehen und weggehen, doch da wurde die Zimmertür aufgerissen. Der größere der beiden Jungen kam herein. Er sagte: „Doch, Herbert! Die kennst du! Die geht in die 5a! Ein ganz toller Apparat!"

Er klimperte mit den Augenlidern, wackelte mit den Hüften

und stelzte im Zimmer herum wie ein Specht; garantiert nicht wie die Ilse! Aber der Herbert grinste und rief: „Ach, die mit dem Zuckerhutbusen?"

„Genau", sagte der Junge.

Jetzt war der Herbert plötzlich sehr interessiert. „Was ist mit der?", fragte er. „Was soll ich von der wissen?"

Ich dachte: Das ist ein „Zirkusdirektor". Der hat keine Ahnung! Und die Oma hat Recht!

Ich wollte gehen, doch die beiden ließen mich nicht weg. Sie fragten mir Löcher in den Bauch. Also erzählte ich ihnen, was mir die Helli erzählt hatte.

Und der Herbert sagte: „Tut mir Leid! Ich hatte ja keine Ahnung! Aber wenn deine Schwester wieder auftaucht, dann soll sie sich melden. Ich stehe zur Verfügung!"

Der Bruder begleitete mich zur Wohnungstür. Dort angekommen, griff er nach einer Hasenfelljacke an der Kleiderablage. „Ich gehe nämlich ein Stück mit dir", erklärte er mir. Auf der Treppe sagte er dann: „In unserer Klasse haben wir einen ganz komischen Typ. Den hast du sicher schon gesehen. So einen langen dünnen Blonden mit fast weißen Haaren und Sommersprossen. Und mit einem Fahrrad mit Affensitz und Fuchsschwanz dran!"

Den Typ sah ich jeden Morgen. Aber ich verstand nicht, warum mir der Bruder das erzählte.

Der Bruder fuhr fort: „Wir nennen ihn den „Getupften". Wegen seiner Sommersprossen. Und dieser Kerl ist seit den Sommerferien hinter deiner Schwester her wie ein Luchs!"

Der Getupfte und die Ilse, das war lächerlich! Solche wie den sah meine Schwester gar nicht. Ob da eine Ameise des Weges kroch oder der Getupfte vorbeiradelte, das war doch für die Ilse ein und dasselbe!

„Meine Schwester", sagte ich, „hat garantiert nichts mit dem Getupften!"

„Natürlich nicht!" Der Bruder lächelte milde. „Aber hinter

ihr her war er! Weil er eben spinnt! Er hat sie sozusagen beschattet!"

„Beschattet?" Ich konnte das einfach nicht glauben.

„Na klar!", sagte der Bruder. „Weil er nicht mit ihr zusammen sein konnte, war er hinter ihr her! Der hat gewusst, wann sie Klavierstunde hat. Und ob sie einen Schnupfen hat und welche Schaufenster sie sich gern ansieht! Und alles eben! Und wenn sie sich mit jemandem getroffen hat, dann müsste er auch das wissen!"

Und dann schlug mir der Bruder vor, ich solle zum Getupften gehen und ihn nach meiner Schwester fragen.

„Könntest du vielleicht mit mir kommen?", fragte ich ihn. Ich rechnete damit, dass er ablehnen werde. Doch er hatte nichts dagegen. Und er sagte: „Den Alibaba nehmen wir auch mit! Der kann den Getupften am besten unter Druck setzen!"

Den Alibaba kannte ich. Er ist einer der dicksten und stärksten Jungen in unserer Schule.

Wir verabredeten uns für den nächsten Tag um 15 Uhr beim Park. Bevor wir uns trennten, fragte ich den Bruder, wie er heißt. Der Bruder heißt Nikolaus.

Eine goldene Gans und fünfzig Meerschweinchen

Den Besuch beim Getupften werde ich nie vergessen – und wenn ich älter als Methusalem werde!

Ich war pünktlich um drei Uhr beim Park. Mit dem Turnbeutel. Weil ich eigentlich zum Nachmittagsturnen hätte gehen sollen. Der Nikolaus und der Alibaba lehnten am Gitter beim Eingang vom Park.

„Und wenn er gar nicht daheim ist?", fragte ich die beiden.

„Ist er aber", sagte der Nikolaus.

„Wir haben ihm gesagt, dass wir kommen!", sagte der Alibaba.

„Und er hat sehr darüber gestaunt", sagte der Nikolaus.

„Kannst dir sicher sein, der wartet schon bei der Tür!", sagte der Alibaba.

Er hatte Recht! Der Getupfte öffnete uns die Wohnungstür, noch bevor wir die Klingel gedrückt hatten. Er führte uns durch einen dunklen Flur in sein Zimmer. Sein Bett bot er uns als Sitzplatz an. Er setzte sich, uns gegenüber, auf den einzigen Stuhl, der im Zimmer war. „Um was dreht es sich?", fragte er, griff nach einer Zigarette, holte ein Feuerzeug aus der Hosentasche und zündete sich die Zigarette an.

„Du kennst die Dame?" Der Alibaba legte eine Hand auf meine Schulter. Der Getupfte nickte.

„Und du weißt, was mit ihrer Schwester passiert ist?", fragte der Nikolaus. Der Getupfte nickte wieder. „Sie ist verschwunden", sagte er.

„Du Trottel", rief der Nikolaus. „Das wissen wir selbst!"

„Wo sie hin ist, sollst du uns sagen!", rief der Alibaba.

„Aber das weiß ich doch nicht", sagte der Getupfte.

„Jetzt hör mir einmal zu!" Der Nikolaus stand auf, stellte sich hinter den Getupften und legte ihm beide Hände auf die Schultern.

„Wir wissen genau, dass du der Ilse Janda nachspioniert hast! Hinter ihr her bist du geschlichen. Beobachtet hast du sie. Und wir wollen jetzt wirklich nicht darüber reden, ob das normal ist oder heller Wahnsinn! Wir wollen bloß wissen, ob du etwas beobachtet hast, was uns weiterhelfen könnte!"

Der Getupfte protestierte. Nie im Leben, sagte er, sei er hinter meiner Schwester hergewesen! Er sei ja nicht verrückt!

Aber der Nikolaus und der Alibaba lachten bloß. „Es hat keinen Sinn, Getupfter", sagte der Nikolaus. „Leugnen ist zwecklos! Jeder weiß doch, dass das dein Freizeitvergnügen war!"

Und der Alibaba fügte hinzu: „Ist ja auch kein Verbrechen! Bist halt ein zäher Bursche! Hätte ja wirklich sein können, dass du damit Erfolg hast. Viele Frauen mögen es, wenn man so hartnäckig hinter ihnen her ist!"

Das war zwar ein Blödsinn, aber es war die richtige Art, den Getupften zum Reden zu bringen. Endlich gab er zu, viele Nachmittage lang der „Schatten" meiner Schwester gewesen zu sein. Und als er das endlich zugegeben hatte, sprudelte das Wissen über meine Schwester nur so aus ihm heraus. Ich hatte das Gefühl, dass er uns gar nicht mehr böse war, dass er froh war, endlich einmal alles erzählen zu können.

Zuerst berichtete er bloß Dinge, die ich sowieso wusste. Wann die Ilse zur Klavierstunde gegangen war und dass sie die Evi besucht hatte und solchen lächerlichen Kram. Doch dann erzählte er uns, dass sie einmal in ein Espresso hineingegangen und kurz darauf mit einem Mann aus dem Espresso wieder herausgekommen war.

„Und dann sind sie in ein Auto gestiegen", sagte er. „Und

weggefahren! Mit dem Fahrrad bin ich da natürlich nicht nachgekommen!"

„In einen roten BMW?", fragte ich.

Der Getupfte nickte.

„Und der Mann?", fragte der Alibaba. „Hast du über den was herausgekriegt?"

„Alles!", sagte der Getupfte und zündete sich eine neue Zigarette an. „Der Mann ist die GOLDENE GANS!"

„Was ist der?", fragten wir im Chor.

Der Getupfte erklärte: „Natürlich heißt er nicht wirklich GOLDENE GANS. Aber wenn er nicht mit dem BMW herumbraust, dann steht der Schlitten immer vor dem Restaurant ZUR GOLDENEN GANS. In der Rückertgasse. Das Haus hat nur einen Stock. Unten ist das Restaurant und oben, nehme ich an, ist die Wohnung vom Wirt. Und der Mann, der sich mit der Ilse getroffen hat, den habe ich sowohl hinter den Wirtshausfenstern gesehen als auch aus einem Fenster im ersten Stock herausschauen. Und einmal habe ich die Ilse mit dem Hund gesehen!"

„Mit welchem Hund?", fragte ich.

„Na, mit dem Hund, der sonst immer vor der Tür vom Restaurant liegt", sagte der Getupfte. „Mit dem ist sie spazieren gegangen!"

Dann erfuhren wir vom Getupften noch, dass die GOLDENE GANS oft im roten BMW an der Straßenecke vor unserem Haus auf die Ilse gewartet hat. Und dass der rote BMW, seit die Ilse verschwunden ist, auch nicht mehr vor dem Restaurant steht.

Mehr konnte uns der Getupfte nicht sagen. Also verabschiedeten wir uns.

Unten, vor der Haustür, hatte es der Nikolaus plötzlich sehr eilig. „Ich muss heim", rief er. „Sonst schreien sie vor Hunger!" Dann lief er die Straße hinunter.

„Wer hat Hunger?", fragte ich den Alibaba.

„Seine Meerschweinchen", sagte der Alibaba. „Er spinnt nämlich! Er hat, glaube ich, vierundfünfzig Stück. Vielleicht sind es jetzt aber auch schon sechzig!"

„Das gibt es doch nicht!", rief ich.

„Doch", sagte der Alibaba. „Die vermehren sich nämlich rapide!"

„Und seine Eltern? Die erlauben das?" Ich konnte es noch immer nicht glauben.

„Natürlich jammern sie", sagte der Alibaba. „Aber der Nikolaus lässt sich nichts verbieten!" Er sagte das sehr anerkennend.

Ich seufzte.

„Da gibt es nichts zu seufzen", erklärte der Alibaba.

„Wer sich etwas verbieten lässt, ist selber dran schuld!" Er schnäuzte sich in ein großes, kariertes Taschentuch. „In Wirklichkeit sind Eltern nämlich machtlos. Die sind Papiertiger! Man muss nur einen starken Willen haben! Alles, was sie erreichen können, ist, dass sie selber nervenkrank werden oder Magengeschwüre kriegen!"

„Nein!" Ich schüttelte den Kopf. „Sie können dich schlagen und einsperren und dir kein Geld geben. Oder dich in ein Heim stecken!"

Der Alibaba sah mich entsetzt an. „Ich rede doch von normalen Eltern", rief er. „Und nicht von Sadisten!" Er schaute mich interessiert an. „Oder haben dich deine Alten schon einmal geschlagen?"

Merkwürdigerweise sagte ich „nein". Dabei hat mir die Mama schon oft eine heruntergehauen. Manchmal, wenn sie nervös ist, schlägt sie sogar wegen Kleinigkeiten. Einmal deswegen, weil unter meinem Bett ein halber Apfel lag, und einmal, weil ich meine Schuhe nicht geputzt hatte.

„Na eben", sagte der Alibaba zufrieden. „Kein normaler Mensch schlägt ein Kind!" Der Alibaba lachte. „Einmal", sagte er, „da wollte mir meine alte Dame eine kleben. Da habe ich sie angeschaut und gefragt, ob sie ganz sicher ist, dass ich nicht zurückschlagen werde. Da hat sie es bleiben lassen."

„Hättest du wirklich?", fragte ich.

Der Alibaba schüttelte den Kopf. „Ach wo, die Frau ist sehr zerbrechlich. Und man schlägt keine Schwächeren!"

„Und dein Vater?", fragte ich.

„Der?" Der Alibaba lachte wieder. „Der ist total verdreht. Dem ist völlig egal, was ich tue. Der ist der Überzeugung, dass aus seiner Erbmasse nur ein herrlicher Mensch werden kann. Bloß dass ich zu dick bin, stört ihn. Und für jedes Ungenügend, das ich bekomme, schenkt er mir eine Goldmünze aus seiner Sammlung. Als Trost. Dabei bin ich über schlechte Noten gar nicht traurig!" Anscheinend glotzte ich ziemlich blöde, denn der Alibaba sagte: „Mädchen, mach den Mund zu, sonst bekommst du Halsweh!" Ich machte den Mund zu. Zum Reden hatte ich sowieso keine Lust. Ich höre nicht gern von Eltern, die so lustig und so komisch sind. Das macht mich traurig und auch ein bisschen neidisch.

Ich dachte mir: Der gibt ja bloß an! Aber ganz einreden konnte ich mir das nicht. Denn schon daran, wie der Alibaba angezogen war, war zu merken, dass der Kerl tun konnte, was er wollte. Er trug nämlich ausgefranste Jeans mit drei bunten Flicken am Hinterteil und roten Filzstiftzeichnungen auf den Hosenbeinen. Auf dem Kopf hatte er einen uralten Filzhut. Einen Damenhut. Rosarot! Und der Mantel, den er anhatte, der musste einmal seinem Urgroßvater gehört haben!

Meine Mama hätte einen Schreikrampf bekommen, wäre ich so herumgelaufen. Nicht einmal bis zur Wohnungstür wäre ich mit dieser „Ausstattung" gekommen.

Zwei Ohrfeigen, viel Geheul und ein Karpfen

Der Alibaba riss mich aus meinen Gedanken.

„Gehst du allein hin oder soll ich dich begleiten?"

„Wohin?", fragte ich. Dabei wusste ich ganz genau, was er meinte.

„Zur GOLDENEN GANS natürlich!"

Ich hatte schon nicht zum Herbert Plank gewollt! Ich hatte auch nicht zum Getupften gewollt! Und zur GOLDENEN GANS wollte ich erst recht nicht. Was sollte ich denn dort? Und der rote BMW stand ja angeblich nicht mehr vor der Tür! Mir reichte es! Ich glaube, ich wollte einfach nicht noch mehr von meiner Schwester erfahren. Das passte ja alles nicht zu der Ilse, die ich kannte. Das war eine fremde Ilse! Die wollte ich nicht kennen lernen!

„Also, was ist?", forschte der Alibaba. „Die Rückertgasse ist gleich dahinten." Er zeigte zum Park hin. „Wir könnten den Schuppen ja einmal besichtigen!"

Ich wagte nicht zu widersprechen. Brav marschierte ich neben ihm zur GOLDENEN GANS. Ich hatte angenommen, dass der Alibaba bloß das Haus – von außen – besichtigen wollte. Aber er marschierte auf die Restauranttür zu, riss sie auf und betrat das Lokal. Mir blieb nichts anderes übrig, als ihm zu folgen.

Bloß an zwei Tischen saßen Gäste. Wir setzten uns an einen Tisch hinter einem Fenster. Eine Kellnerin kam und fragte nach unseren Wünschen. Ich wusste nicht recht, was ich mir wünschen sollte.

Ich sagte zum Alibaba: „Ich nehme dasselbe wie du!"

„Dann zweimal Würstel mit Senf, zweimal Kirschtorte und zweimal einen halben Liter Apfelsaft", bestellte der Alibaba. Die Kellnerin ging weg, ich flüsterte dem Alibaba zu: „Aber so viel Geld habe ich nicht!"

„Du bist eingeladen", sagte der Alibaba großzügig. Ich wollte mich bedanken, doch dazu kam ich nicht, denn die Tür ging wieder auf und ein Mann, doppelt so groß und doppelt so dick wie der Alibaba, also so groß und so dick wie ein Grizzlybär, kam zur Tür herein. Hinter ihm her ein riesiger Hund.

Der Mann hatte eine blaue Wollmütze auf dem Kopf, eine Schürze vor dem Bauch und Holzschuhe an den Füßen. Ich kann das Alter von erwachsenen Leuten schwer schätzen, aber dass der Mann älter als mein Vater war, war ich mir sicher. Aber die Kellnerin sagte zu ihm: „Grüß Gott, Herr Chef!"

Und die Leute, die bei dem einen Tisch saßen, riefen: „Da kommt ja der Wirt! He Wirt, wie wäre es mit einem schnellen Kartenspiel?"

Der Wirt nahm seine blaue Wollmütze vom Kopf. „Keine Zeit, Leute", sagte er. „Ich muss gleich wieder losfahren!"

„Du, Alibaba", sagte ich leise. „Dass meine Schwester mit dem alten Halbaffen eine Liebschaft gehabt hat, ist unmöglich!"

„Nichts ist unmöglich", flüsterte der Alibaba.

Ich hob die rotweiß karierten Vorhänge vom Fenster ein wenig hoch.

„Und ein roter BMW steht auch nicht da", sagte ich.

Der Alibaba schaute auch aus dem Fenster. „Hast Recht", sagte er.

„Von dem, was uns der Getupfte erzählt hat", sagte ich, „stimmt nur der Hund!"

Aber der Alibaba war sich sicher, dass der Getupfte nicht gelogen hatte. Er griff nach meiner Hand. „Irgendwie lässt sich jedes Rätsel lösen", sagte er. „Wir kommen schon noch dahinter!" Und dann brachte die Kellnerin die Apfelsäfte und die Würstel und die Torten und der Alibaba sagte zu mir, ich solle schnell essen, weil wir ins Kino gehen. Dort sei er mit dem Nikolaus verabredet. Er schien nicht den geringsten Zweifel daran zu haben, dass ich ins Kino wollte.

„Ich muss heim", sagte ich.

Er lachte mich aus. „Was heißt da müssen?"

Weil ich mir nicht schon wieder anhören wollte, dass man sich von den Eltern nichts verbieten lassen darf, sagte ich: „Ich geh gar nicht gern ins Kino!"

„Ja, gibt es denn so etwas?", staunte der Alibaba und stopfte Würstel und nachher Torte in sich hinein und spülte Apfelsaft nach. „Zahlen!", rief er dann, und die Kellnerin kam, und er gab ihr mehr Geld, als ich in einem Monat Taschengeld bekomme.

„Begleite mich wenigstens bis zum Kino", sagte er, als wir aus der GOLDENEN GANS auf die Straße traten.

Ich schaute auf die Uhr. Es war Viertel nach fünf. Ich bekam einen Schreck. Ich hätte schon um fünf Uhr wieder daheim sein sollen. Aber ich wollte dem Alibaba nicht erzählen, wie das mit der Mama und der Amtsrätin und der Pünktlichkeit war. So einer hat dafür kein Verständnis. Und ich dachte mir auch: Na gut! Jetzt komme ich sowieso schon zu spät, jetzt gibt es sowieso schon einen Krach! Also kann ich ihn auch noch zum Kino begleiten!

Vor dem Kino war nicht nur der Nikolaus. Es war auch sein kleiner Bruder da. Und aus meiner Klasse drei Kinder. Sie haben alle gesagt, dass ich doch ins Kino mitkommen soll. Und der Alibaba ging zur Kinokasse und kaufte eine Karte für mich. Und der Nikolaus sagte, es sei „super", dass ich mitgekommen sei. Und die drei Kinder aus meiner Klasse freuten sich auch, dass ich da war. Und sie waren alle so lustig. Und ich wollte einfach bei ihnen bleiben! Zwischen ihnen stehend, kam es mir auf einmal ganz normal vor, ins Kino zu gehen, ohne vorher daheim Bescheid zu sagen.

Nach dem Kino bin ich dann sofort nach Hause gelaufen, was mir gar nicht so leicht fiel, weil die anderen noch vor dem Kino herumstanden und redeten.

Als ich zu Hause angekeucht kam, gab es den ersten Krach. Die Mama war ziemlich hysterisch. „Um fünf hättest du daheim sein sollen", schrie sie. „Weißt du, wie spät es jetzt ist?"

„Zehn Minuten nach acht Uhr", sagte ich und bekam dafür die erste Ohrfeige.

„Schlag sie nicht, es lohnt nicht", sagte die Amtsrätin.

„Wo warst du?", schrie mich die Mama an.

„Im Nachmittagsturnen", sagte ich, „es hat länger gedauert!"

„Sie ist genauso verlogen wie ihre Schwester", sagte die Amtsrätin und die Mama gab mir die zweite Ohrfeige.

Ich musste an den Alibaba denken und an das, was er von den Eltern gesagt hatte. Ich dachte: Alibaba, wenn du meine Mutter sehen könntest, würdest du nicht mehr glauben, dass Eltern bloß Papiertiger sind!

„Also, wo warst du?", brüllte meine Mutter. Ich gab ihr keine Antwort. Wenn man zwei Ohrfeigen bekommen hat, kann man auch eine dritte aushalten. Aber die Mama schlug nicht mehr zu. Sie fing zu weinen an.

„Nimm dich zusammen", sagte die Amtsrätin zur Mama.

„Jetzt fängt sie auch schon an, jetzt geht es bei ihr auch schon los!" Unter viel Geheul stieß die Mama das hervor. Ich war erstaunt, weil ich merkte, dass mir die Mama nicht Leid tat. Bisher hatte sie mir immer Leid getan, wenn ich sie weinen sah.

Ich ging in mein Zimmer. Ich hatte noch Hausaufgaben zu machen. Kaum saß ich am Schreibtisch, kam die Mama herein. Sie fing wieder von vorne an: wo ich war, dass ich sofort sagen soll, wo ich war, und dass mir etwas ganz Fürchterliches passieren wird, wenn ich es nicht sage. Und ich solle nur ja nicht glauben, tun zu können, was ich wolle! Und dann schrie sie noch, dass ich in meinem Zimmer bleiben müsse. Und kein Wort redet sie mehr mit mir! Und zum Geburtstag werde ich auch nichts von ihr bekommen!

Als die Mama endlich aus dem Zimmer gegangen war, kam der Oliver herein. „Wo warst du denn wirklich?", fragte er.

„Im Kino", sagte ich.

„Nimmst mich das nächste Mal mit?", fragte er. Ich nickte.

Die Zimmertür ging wieder auf. Die Amtsrätin schaute herein.

„Oliver, komm sofort heraus", rief sie.

Der Oliver wollte nicht. Sie kam ins Zimmer und packte ihn.

Er wehrte sich, aber sie war stärker. Sie trug den strampelnden Oliver einfach aus dem Zimmer. „Aber das nächste Mal nimmt sie mich mit!", rief der Oliver.

„Wohin nimmt sie dich mit?", fragte die Amtsrätin den Oliver und ließ ihn los.

„Sag ich dir doch nicht!", rief der Oliver, duckte sich und rannte, an der Amtsrätin vorbei, aufs Klo. Dort sperrte er sich ein und die Alte stand eine halbe Stunde vor der Klotür und klopfte und drohte und lockte, bis der Oliver dann endlich herauskam.

Kurz nachher kam der Kurt heim. Ich hörte die Amtsrätin zu ihm sagen: „Na endlich! Das Essen wird ja kalt!"

Dann, glaube ich, schaute er in die Küche hinein, wo die Mama war.

„Was Neues?", fragte er in dem gewissen Trauerton, in dem seit dem Verschwinden der Ilse bei uns zu Hause immer nach „etwas Neuem" gefragt wird.

„Nein, gar nichts", antwortete die Mama mit Tränenstimme und darauf fragte der Kurt: „Was ist denn? Hat sich die Polizei ..."

Die Amtsrätin unterbrach ihn: „Die Polizei schläft und schreibt Strafzettel aus, da rührt sich nichts! Aber die Erika ..."

„Was ist mit der Erika?", fragte der Kurt.

Und der Oliver rief: „Sie hat sie gehauen, ganz fest gehauen!"

„Wer hat wen gehauen?", fragte der Kurt.

„Die Mama die Erika", rief der Oliver. „Ich mag sie nimmer, wenn sie die Erika haut!"

„Wie sprichst du denn über deine Mutter!", rief die Amtsrätin. „Halt sofort den Mund!"

Der Oliver machte „bäääh". Die Mama rief: „Benimm dich, Oliver!"

Und die Tatjana schrie: „Papa, ich will auf deinen Schultern reiten!"

Eine Zeitlang war dann vor meiner Tür so ein Geschrei und ein Gebrüll, dass ich kaum ein Wort verstehen konnte. Am lautesten brüllte die Tatjana. Wie ich nachher erfahren habe, wollte sie dem Kurt auf die Schultern klettern und stürzte dabei auf halber Höhe ab und fiel auf den Oliver. Schließlich ging das Geschrei und Gebrüll in Tatjana-Beruhigungsgemurmel über und die Stimmen entfernten sich von meiner Tür.

Ich legte mich auf mein Bett und starrte Löcher in die Luft. Ich versuchte, mir etwas Angenehmes vorzustellen, doch es gelang mir nicht. Dann kam der Kurt zu mir ins Zimmer. Ich solle doch essen kommen, sagte er. Ich schüttelte den Kopf. Ich wollte wirklich nicht. Ich hatte keine Lust, die Gesichter der Mama und der Amtsrätin zu sehen.

„Wenn sie nicht will, soll sie es bleiben lassen", rief die Mama aus der Küche.

„Komm, mir zuliebe", sagte der Kurt. Der Kurt hat mich noch nie um etwas gebeten und ich wollte gerade aufstehen und mit ihm ins Wohnzimmer gehen, da schaute die Mama zur offenen Tür herein und rief: „So lass sie doch! Die Dame ist eben beleidigt! Ist ja auch unerhört, wenn ich wissen will, wo sie sich herumtreibt!"

„Ich bitte dich!", seufzte der Kurt und schaute die Mama verzweifelt an.

„Was heißt da, ich bitte dich!", rief die Mama. „Soll ich vielleicht seelenruhig zuschauen, wie sie sich herumtreibt und und und ..."

„Und was, bitte?", fragte der Kurt.

Bevor die Mama antworten konnte, war die Amtsrätin da.

„Kurt!", zischte sie. „Ich finde, du benimmst dich grotesk! Alles hat seine Grenzen!"

„Alles hat wirklich seine Grenzen", rief der Kurt - und: „Ihr geht mir auf die Nerven!"

Die Amtsrätin schnappte nach Luft wie der Karpfen beim Fischhändler, bevor ihm der Fischhändler eins über den Schädel gibt. Die Mama fing wieder zu weinen an. Der Oliver tauchte hinter der Amtsrätin auf und rief: „Sie war doch nur im Kino! Und das nächste Mal nimmt sie mich mit!"

Der Oliver wollte mich garantiert nicht verraten. Er ist noch zu klein, um den Mund zu halten und ein Geheimnis nicht weiterzuerzählen.

„Du warst im Kino?", fragte mich der Kurt. Ich nickte. Er griff in seine Hosentasche und holte Geld heraus. „Kino ist teuer", sagte er und reichte mir einen Geldschein.

Jetzt schaute die Amtsrätin drein wie ein Karpfen, nachdem ihm der Fischhändler eins über den Schädel gegeben hat. Wie die Mama dreinschaute, kann ich nicht sagen. Die drehte sich nämlich um und verließ das Zimmer.

„Ich will auch Geld", sagte der Oliver zum Kurt.

„Wenn du ins Kino gehst, bekommst du auch Geld", versprach der Kurt dem Oliver und zu mir sagte er: „So und jetzt gehen wir essen, wir werden uns doch den Appetit nicht verderben lassen!"

Ich hatte zwar noch immer keine Lust auf die Gesichter der Mama und der Amtsrätin, doch ich wollte den Kurt nicht enttäuschen.

Die Mama und die Amtsrätin hockten am Esstisch und

machten total vergrämte Gesichter. Der Kurt tat, als wäre gar nichts vorgefallen. Er redete mit mir und dem Oliver und der Tatjana. Hin und wieder fragte er auch die Mama etwas; völlig nebensächliche Sachen. Die Mama antwortete bloß mit „ja" oder „nein". Doch dann fragte der Kurt etwas, worauf man nicht mit ja oder nein antworten konnte. Da gab die Mama gar keine Antwort.

„Sie scheint böse mit mir zu sein", sagte der Kurt zum Oliver und grinste.

„Warum ist sie böse?", fragte die Tatjana.

„Weiß ich doch nicht", sagte der Kurt. „Bin mir keiner Schuld bewusst!"

„Mama, warum bist du böse mit dem Papa?", fragte die Tatjana.

„Ich bin nicht böse mit ihm", sagte die Mama zur Tatjana und der Oliver sagte zum Kurt: „Sie sagt, sie ist nicht böse mit dir!"

Und da sagte der Kurt zu mir: „Oh, bin ich froh! Sie ist gar nicht böse mit mir!"

Es war ein total affiges Gespräch. Die Mama kam sich verhöhnt vor. Sie schob den Teller weg und stand auf.

„Da vergeht einem der letzte Appetit", sagte sie und verließ das Wohnzimmer.

Zwei Frauen erschrecken über den Alibaba und der Alibaba erschrickt über diese zwei Frauen nicht minder

Nach dem Essen trug ich das Geschirr in die Küche und stellte es in das Spülbecken.

Die Mama war beim Oliver und der Tatjana im Zimmer. Ich hörte, wie sie aus einem Buch vorlas.

Der Kurt rollte den Fernsehapparat ins Schlafzimmer. Im Wohnzimmer kann er ja jetzt nicht mehr fernschauen, weil die Amtsrätin auf der Couch schläft, und die geht immer schon um elf Uhr zu Bett.

Ich dachte mir gerade: Für heute ist der Krach vorüber! Da klingelte es an der Wohnungstür. Halb zehn war es schon. Ich bekam Herzklopfen. Ich dachte mir: Um diese Zeit kommt doch kein Besuch mehr! Das muss mit der Ilse zusammenhängen! Das muss die Polizei sein! Und dann bekam ich noch mehr Herzklopfen, weil ich plötzlich dachte: Vielleicht ist es die Ilse selber!

Ich glaube, der Kurt dachte etwas Ähnliches, denn er starrte auf die Wohnungstür und rührte sich nicht. Es klingelte wieder.

„Ist vielleicht der Hausmeister", sagte der Kurt und wollte zur Tür hin. Da kam die Amtsrätin aus dem Wohnzimmer, rief „Was öffnet denn keiner?", überholte den Kurt und riss die Wohnungstür auf. Vor der Tür stand der Alibaba. Mit rosa Damenhut, Urgroßvatermantel und bemalten Jeans. Er lächelte die Amtsrätin freundlich an.

„Pardon", sagte er, „entschuldigen Sie die späte Störung, ich suche …" Der Alibaba schaute, an der Amtsrätin vorbei,

in die Diele hinein. „Ach, da ist ja mein Sweety!", rief er mir zu.

Die Amtsrätin hält Menschen, die wie der Alibaba aussehen, nicht für Gymnasiasten, sondern für ausgeflippte, vergammelte Typen, und vor solchen hat sie Angst. Sie wich vor dem Alibaba zurück und der Alibaba nahm das als Einladung einzutreten.

Die Mama, der Oliver und die Tatjana waren auch in die Diele gekommen und schauten den Alibaba an. Der nahm den rosa Hut vom Kopf, nickte in die Runde, trat von einem Fuß auf den anderen und fühlte sich unbehaglich. Was ja kein Wunder war! Derart angestaunt zu werden ist nicht angenehm. Hilfesuchend schaute er mich an. Aber die Hilfe kam vom Kurt. Der sagte freundlich: „Guten Abend, junger Mann!"

Da grinste der Alibaba wieder und erklärte: „Ich habe ihrer Tochter etwas Wichtiges mitzuteilen!"

„Na, dann teile mit", sagte der Kurt.

„Ist aber, bitte, ein Unter-vier-Augen-Gespräch", sagte der Alibaba. Der Kurt nickte und zeigte mit der Hand zu meiner Zimmertür. Ich lief zu meinem Zimmer, machte die Tür auf, ließ den Alibaba eintreten und schlug die Tür wieder zu. Der Alibaba ließ sich auf das Bett der Ilse fallen. „Mensch, was war denn das für ein mehrfacher Alptraum?", fragte er. „Die zwei Weiber haben mich ja angeschaut, als wär ich das Krokodil im Mädchenpensionat!" Der Alibaba schüttelte angewidert den Kopf. „Kein Wunder, dass deine Schwester weg ist!" Dann entschuldigte er sich bei mir. „Was taktlos", sagte er. „Aber die zwei Weiber haben mich total geschockt!" Und dann sagte er, er sei so spät noch gekommen, weil er eine tolle Neuigkeit habe.

„Der dicke Wirt hat einen Bruder", sagte er. „Einen sehr jungen Bruder. Und der fährt einen roten BMW. Das wird wohl der Mann sein, den wir suchen!"

Ich wollte wissen, wie der Alibaba das herausbekommen hatte.

„War nicht schwer", sagte er. „Nach dem Kino bin ich noch einmal zur GOLDENEN GANS. Ich wollte eigentlich nur schauen, ob vielleicht der rote BMW dort parkt. Und dann war im Nachbarhaus, im Erdgeschoss, ein Fenster offen und aus dem Fenster schaute eine alte Frau heraus. Da hab ich mir gedacht, die frage ich einfach. Und dann habe ich ihr einen Bären aufgebunden. Dass ich ein armer, sehr armer Junge bin, habe ich ihr erzählt. Und dass mir ein roter BMW beim Einparken mein Fahrrad kaputt gemacht hat. Und dass ich jetzt einen roten BMW suche und den jungen Mann, der dazu gehört. Damit mir der den Schaden ersetzt!"

„Und die hat dir das geglaubt?", fragte ich.

„Na klar!", sagte der Alibaba. „Die hat sich gefreut. Die kann den Kerl nämlich nicht leiden. Weil er seine Autotür vor ihrem Fenster immer so laut zuschlägt. Mitten in der Nacht!"

„Hat sie auch etwas von der Ilse gewusst?", fragte ich. Der Alibaba erklärte, danach habe er die alte Frau nicht gefragt. „Das wäre zu auffällig gewesen", sagte er. „Jedenfalls hat sie mir erzählt, dass der Wirt ein guter Mensch ist, arbeitsam, ehrlich und sparsam. Aber der junge Bruder ist ganz anders. Faul und verschwenderisch. Nichts arbeitet er. Angeblich studiert er. Aber er macht nie Prüfungen. Er interessiert sich nur für Autos und für Mädchen. Und lebt vom Geld seines Bruders! Das war's, was ich dir sagen wollte." Der Alibaba stand auf. „Und dass deine Schwester mit dem Kerl fortgefahren ist, scheint mir jetzt sicher. Und wenn das so ist, dann wird sie schon wiederkommen. Ich an deiner Stelle würde jetzt gar nichts mehr unternehmen! Deiner Schwester geht es gut! Das ist doch im Moment die Hauptsache, oder?"

Ich nickte und führte den Alibaba zu unserer Wohnungstür. „Dann bis morgen, Sweety", sagte der Alibaba, nahm meine Hand, hauchte mir einen Kuss auf den Handrücken und lief zur Treppe hin. Ich schloss die Wohnungstür und lehnte mich an die Wand. Ich hörte die Stimmen vom Kurt und der Mama aus dem Wohnzimmer. Die Wohnzimmertür war zu. Ich konnte nicht verstehen, was die Mama und der Kurt redeten, aber irgendwie klangen die Stimmen böse.

Ich ging leise zur Wohnzimmertür hin. Jetzt konnte ich die Stimmen verstehen. Der Kurt sagte gerade: „Das ist aber komisch! Zuerst heißt es, dass ich mich zu wenig um die Kinder kümmere, und wenn ich mich dann kümmere, ist es auch nicht recht! Könntest du mir freundlicherweise sagen, was ich eigentlich soll?"

Die Amtsrätin war auch im Wohnzimmer. Sie sagte: „Also auf gar keinen Fall hättest du dieses Individuum zu ihr ins Zimmer lassen sollen!"

„Er hat sich nicht einmal vorgestellt!", sagte die Mama.

„Und fast zehn Uhr war es auch schon!", sagte die Amtsrätin.

„Und männlich war das Wesen auch noch dazu!", rief der Kurt höhnisch.

„Mit dir ist ja nicht zu reden", rief die Mama. „Ich habe doch nichts dagegen, dass die Erika auch mit Jungen befreundet ist! Aber dieser entsetzliche Kerl ist erstens zu alt für sie, zweitens zu dick, drittens zu hässlich, viertens zu vergammelt und ..."

Was sie noch alles gegen den Alibaba einzuwenden hatte, erfuhr ich nicht mehr, weil der Kurt rief: „Ist ja erstaunlich, was du an einem Menschen in ein paar Sekunden alles feststellen kannst! So eine Menschenkenntnis möchte ich haben!"

Die Mama fing wieder zu weinen an.

„Hör mit der ewigen Heulerei auf!", rief der Kurt.

Da sagte die Mama, dass der Kurt gemein sei und das Leben mit ihm eine Qual.

Der Kurt rief, er zwinge ja keinen Menschen, mit ihm zu

leben. Und die Mama schrie, das könne er leicht sagen! Weil er wisse, dass sie mit ihren vier Kindern nicht einfach weggehen könne!

Aber wenn sie keine Kinder hätte, wäre sie schon längst fortgegangen.

Dann sagte die Amtsrätin, dass sie zwar von Anfang an dagegen gewesen sei, dass ihr Sohn die Mama heiratet, aber nun müsse sie doch der Mama Recht geben. „Kinder müssen erzogen werden", sagte sie. „Das verstehst du anscheinend nicht!"

„Was ich nicht verstehe", rief der Kurt, „ist, dass man Kinder quälen und unglücklich machen muss!"

Worauf die Mama — unterbrochen von viel Schnäuzen und Schluchzen – erklärte, dass sie ihre Kinder nicht unglücklich machen wolle. Bloß anständiges Benehmen und gute Manieren wolle sie ihnen beibringen! Und Moral! Und Fleiß! Und Ehrlichkeit!

„Wie ich sie von der alten Janda zu mir genommen habe", sagte sie, „da waren sie doch ganz verzogen! Die hat ihnen doch alles durchgehen lassen! Die waren doch wahnsinnig verwöhnt und haben sich nicht benehmen können!"

Ich wollte nicht weiter lauschen. Ich ging in mein Zimmer und räumte meine Schulsachen ein. Dann ging ich schlafen. Ich legte mich in Ilses Bett. Das Bett war noch immer nicht frisch überzogen. Es roch nach der Ilse. Nach ihrem Haarspray und ihrem Eau de Cologne. Ich knipste das Licht aus, dachte ein bisschen an die Ilse und weinte ein bisschen.

Eine Karte aus Florenz und keine Münze zum Telefonieren

Als mich der Oliver am Morgen aufweckte, sagte er mir, dass die Mama noch schläft. Und dass wir leise sein müssen, damit sie nicht aufwacht. Er flüsterte sogar in meinem Zimmer, obwohl er da ruhig laut hätte reden können.

„Und die Amtsrätin?", fragte ich.

„Wer?", fragte der Oliver. Er hatte keine Ahnung, dass ich seine Oma im Geheimen als Amtsrätin bezeichne.

„Die Oma", sagte ich.

„Die ist zum Bäcker gegangen", flüsterte er.

Ich stand auf und ging zum Badezimmer. Der Kurt war drinnen und rasierte sich. „Bin schon fertig", sagte er. „Kannst schon dableiben!" Er zog den Rasierstecker aus der Steckdose.

Ich dachte: Vielleicht hat der Alibaba doch nicht Recht, vielleicht sollte man doch etwas unternehmen!

Ich sagte: „Du, Kurt ..."

Der Kurt schmierte sich etwas Creme ins Gesicht. „Ich habe es brandeilig", sagte er. „Ich muss ohne Frühstück weg! Bis Mittag muss ich einen Artikel fertig haben! Übrigens ..." Er deutete mit dem Kopf in Richtung Schlafzimmer. „Die Mama schläft noch. Sie hat drei Schlafpulver genommen. Sie ist mit den Nerven komplett fertig. Wäre schön, wenn ihr sie nicht aufweckt!"

Ich nickte.

Der Kurt wischte sich die cremigen Finger am Handtuch ab und ging aus dem Bad.

Ich hörte das Schnaufen der Amtsrätin vor der Wohnungstür. Ich schloss die Badezimmertür und riegelte ab. Dreimal klopfte die Alte an die Tür und rief: „Das Frühstück ist fertig!" Aber sooft sie klopfte, drehte ich das Wasser weit auf, damit sie glauben sollte, ich höre das Klopfen nicht. Dann lief ich aus dem Bad in mein Zimmer, zog mich im Weltrekordtempo an, packte meine Schultasche und verließ auf Zehenspitzen das Zimmer und die Wohnung. Ein Tag, ohne Amtsrätin begonnen, fand ich, war ein guter Tag. Dafür lohnte es sich sogar, einen leeren, knurrenden Magen zu haben!

Ich ging zum Haustor hinaus, die Straße hinunter, der Schule zu. Es regnete ein bisschen. Ich hatte keinen Schal um, mich fror am Hals. Der Himmel war ganz grau. Er sah so aus, als ob er jeden Augenblick herunterfallen könnte. Ich drehte mich um und schaute zu unserem Haus zurück. Unser Haus kam mir fremd vor. So fremd wie damals, als ich es zum ersten Mal gesehen hatte, als ich mit der Mama und der Ilse hergekommen war, um den „Onkel Kurt" zu besuchen.
Langsam ging ich weiter und plötzlich kam mir alles sehr fremd vor. Die Bäckerei, das Milchgeschäft, sogar der Supermarkt, in dem ich jeden Tag einkaufte. Und der Gedanke, dass ich schleunigst in die Schule gehen muss, war mir auch fremd. Ich ging weiter, kam zur Schule, ging an der Schule vorbei, bog in eine Seitengasse ein, ging geradeaus, bog wieder in eine Seitengasse ein und ging weiter.

Ich habe es wirklich nicht geplant gehabt, aber plötzlich war ich in der Rückertgasse. Drei Häuserblocks von der GOLDENEN GANS entfernt. Ich bekam Herzklopfen. Ich dachte: Vielleicht steht der rote BMW jetzt vor dem Haus? Vielleicht sitzt sogar die Ilse drin! Ich sagte mir, dass das sicher nicht so sein könne, dass das bloß meine dumme Fantasie sei, dass ich überhaupt dumm bin!
Trotzdem ging ich langsam auf die GOLDENE GANS zu.
Natürlich stand da kein roter BMW! Ein Bierwagen stand

da. Zwei Männer in Overalls klappten hinten am Bierwagen die Holzwand herunter und rollten ein Fass aus dem Wagen. Ich stellte mich neben das Haustor von der GOLDENEN GANS und schaute ihnen zu.

Die Tür vom Restaurant war offen. Der Wirt stand in der Tür. Diesmal hatte er eine rote Mütze auf. Neben ihm saß der große Hund. Der Wirt redete mit den Männern. Dass das Wetter scheußlich sei, sagte er. Und dass er auch ein Fass dunkles Bier bestellt habe. Dann schaute der Wirt mich an. Er nickte mir zu und ich sagte:
„Grüß Gott!"
Der große Hund kam zu mir und ließ sich streicheln.
„Sag, woher kenne ich dich denn?", fragte mich der Wirt.
„Ich habe gestern bei Ihnen Würstel und Torte gegessen", sagte ich.
„Ach ja". Der Wirt lachte. „Mit deinem Freund! Das war der mit dem rosa Damenhut, gelt?"
Ich nickte.
Dann kam einer der Männer, die das Bier abgeladen hatten, zum Wirt. Er hatte einen Block in der Hand und einen Kugelschreiber. Der Block war ein Lieferschein-Block. Der Wirt nahm den Kugelschreiber und wollte den Lieferschein unterschreiben. Der Kugelschreiber schrieb nicht.
„So ein Dreck", sagte der Bier-Mann und suchte nach einem anderen Kugelschreiber.
„Hab selber einen", sagte der Wirt und griff in die Tasche seiner Bauchschürze. Er holte einen Kugelschreiber heraus und unterschrieb den Lieferschein. Und ich starrte den Kugelschreiber an. Das war mein Kugelschreiber! Ich konnte mich gar nicht irren! Den hatte ich vor einem Jahr zum Geburtstag bekommen! Er war nicht nur genauso flieder-lila wie mein Kugelschreiber und in der Mitte – genauso wie mein Kugelschreiber – mit einem grünen Tesaband verklebt, er hatte auch mein Monogramm: E.J. Zwei golde-ne Buchstaben. Vor ein paar Wochen war mein Kugelschrei-

ber plötzlich verschwunden gewesen. Ich hatte gedacht, jemand aus meiner Klasse hätte ihn eingesteckt.

Ich ging näher an den Wirt heran und sagte: „Sie haben einen schönen Kugelschreiber!"

Der Wirt blickte mich sehr erstaunt an. „Weiß gar nicht, wo der her ist", sagte er. Er entdeckte das Monogramm. „EJ, EJ", murmelte er. „Ich kenne keinen E J! Den muss einer bei mir liegen gelassen haben!" Er hielt mir den Kugelschreiber hin. „Wenn er dir so gefällt, nimm ihn!"

Ich bedankte mich höflich für meinen Kugelschreiber.

„Mein Monogramm ist auch E J", sagte ich. „Weil ich Erika Janda heiße!"

Der Wirt freute sich über diesen „lustigen Zwischenfall".
Aber mein Familienname besagte ihm anscheinend überhaupt nichts! Und ich hatte das Gefühl: Langsam wundert
sich der Wirt über das komische Kind, das da neben ihm
herumsteht, sich Kugelschreiber schenken lässt und nicht
in der Schule sitzt! Weil am Haus gegenüber das Schild von
einem Zahnarzt war, sagte ich. „Ich soll nämlich zum Zahnarzt gehen!"
Der Wirt lachte. „Armer Wurm", sagte er. „Hast Angst!
Schäm dich deswegen nicht! Ich hab auch immer Angst
vor dem Zahnarzt!

„Hab ich ja gar nicht", sagte ich. „Ich bin nur zu früh dran. Und ich mag Wartezimmer nicht!"

Dann kam ein kleines gelbes Postauto gefahren und hielt vor uns. Der Briefträger stieg aus und überreichte dem Wirt einen ganzen Stoß Post. Zwischen weißen und blauen Kuverts steckte eine große Ansichtskarte. Der Wirt zog sie heraus.

„Florenz", sagte er.

„Da müsst' man jetzt sein!", sagte der Briefträger.

„Von meinem Bruder", sagte der Wirt.

„Ja, der hat es gut", sagte der Briefträger.

Ich trat ganz nahe an den Wirt heran, um die Schrift auf der Karte sehen zu können. Es war eine winzig kleine, ziemlich unlesbare Schrift. Aber unter dem Geschriebenen stand deutlich zu lesen: ERWIN. Unter dem ERWIN war ein Pluszeichen und neben dem stand: ILSE.

Und das war garantiert die Schrift von meiner Schwester!

„Schreibt nix Besonderes", sagte der Wirt.

Der Briefträger ging zu seinem Auto zurück.

„Wann kommt denn Ihr Bruder wieder?", fragte ich.

Der Wirt zuckte mit den Schultern. „Das weiß man bei dem nie! Wenn ihm das Geld ausgeht, wahrscheinlich!" Er lachte. Es klang nicht sehr freundlich. Dann schaute er mich an, legte die Stirn in Falten und fragte: „Wieso willst du das denn wissen?"

Da lief ich einfach weg. Ich schämte mich schrecklich. Ich lief die Straße hinunter, immer weiter. Es fing wieder zu regnen an. Die Schultasche zog mir die linke Schulter schief, eine nasse Haarsträhne baumelte mir beim Laufen in die Augen. Mein Magen knurrte laut. Und meine Schuhe waren auch schon innen nass. Je länger ich durch den Regen rannte, umso sicherer wurde ich: Die Ilse muss schnell wieder zurück! Der Kerl hat sie sicher nicht richtig lieb! Und die Ilse soll bei keinem sein, der sie nicht richtig lieb hat! Und mir war auch klar: Ich brauche jemanden, der mir hilft, die Ilse zurückzuholen!

Zuerst fiel mir der Alibaba ein! Aber der, überlegte ich mir, konnte mir da auch nicht helfen! Der war zwar älter und mutiger als ich, aber er war auch ein Kind. Ich brauchte einen erwachsenen Menschen! Der Kurt, dachte ich, der Kurt muss mir helfen!
Ich wollte den Kurt anrufen. 56 56 16, die Nummer der Redaktion kenne ich auswendig! Und vorne an der Ecke war eine Telefonzelle. Als ich bei der ankam, fiel mir ein, dass ich kein Geld bei mir hatte. Nicht einmal eine Münze fürs Telefon!
Ich konnte doch nicht einfach jemanden um Geld anbetteln! Obwohl ich schon gesehen hatte, dass Kinder das machen. Eigentlich wäre ja auch gar nichts dabei! So geizig, dass sie nicht eine Münze fürs Telefon herausrücken, sind nur wenig Menschen. Aber ich schaffte das nicht! Ich dachte: Lieber laufe ich zu Fuß in die Redaktion vom Kurt! Doch das war keine gute Idee. Mindestens eine Stunde hätte ich da gebraucht. Und dann wäre der Kurt sicher schon in der Vormittags-Redaktionskonferenz gewesen. Und dort durfte man ihn nicht stören. Und am Nachmittag war der Kurt immer „unterwegs".

Natürlich hätte ich warten können, bis der Kurt am Abend heimkommt. Schließlich war die Ilse schon so lange weg. Da kam es nun auf ein paar Stunden auch nicht mehr an. Ich weiß nicht, warum ich plötzlich in so einer Panik war! So aufgeregt und so ungeduldig! Mir war so zumute, als ob es jetzt auf jede Minute ankäme! Und da fiel mir die Oma ein! Die wohnte gar nicht weit weg von der Rückertgasse! Und die hatte sicher Geld zum Telefonieren für mich! Durch einen richtigen Wolkenbruch hindurch lief ich zur Oma. Klatschnass kam ich beim Haus der Oma an. Und schrecklich kalt war mir. Meine Zähne klapperten. Und meine Finger waren ganz steif. Die Nachbarin der Oma sagte mir, dass die Oma im Keller, in der Waschküche sei. Ich stolperte in den Keller hinunter. Die Waschküche war voll Dampf. Die Oma hatte eine Gummischürze umgebunden und rührte im großen Wäschekessel herum. Erschrocken schaute sie mich an und fragte: „Was ist denn passiert? Wieso bist du denn am Vormittag da? Was ist geschehen?"

„Ich brauche Geld zum Telefonieren", sagte ich und setzte mich neben den Ofen. Da war es angenehm warm.

„Jetzt sag mir aber, was wirklich los ist", sagte die Oma. Ich nickte und erzählte ihr alles. Alles, was ich wusste. Vom Wirt und vom Bruder, vom roten BMW, von meinem Kugelschreiber und der Ansichtskarte.

Die Oma hörte mir zu, rieb sich die Nase mit dem Daumen und dem Zeigefinger und sagte bloß: „Na ja!"

Dann schob sie eine Haarsträhne aus der Stirn unter das Kopftuch und rührte wieder im Wäschekessel.

„Hilfst du mir?", fragte ich.

„Bei was?", fragte sie.

„Sie zurückholen", sagte ich.

„Die kommt schon von allein wieder", sagte die Oma.

„Nein!", rief ich.

„Doch", sagte die Oma. „Dieser Erwin, der wird schon von ihr genug kriegen. Und der muss ja auch wieder heim! Und dann muss sie mit ihm zurück!"

„Ich will aber, dass sie gleich zurückkommt", rief ich.

„Und was soll ich da tun?", fragte die Oma.

„Rede mit dem Wirt!", sagte ich.

„Blödsinn", sagte die Oma. „Was soll denn der tun? Zur Polizei müsste man gehen. Weil deine Schwester minderjährig ist. Und das ist Verführung Minderjähriger!"

„Dann geh zur Polizei", rief ich. Die Oma wollte nicht zur Polizei gehen. „Und überhaupt!", sagte sie. „Ich habe gar kein Recht, mich da einzumischen.

Zur Polizei kann nur dein Vater gehen. Oder deine Mutter!"
„Dann rede doch mit dem Papa", rief ich.

Die Oma schaute bitterböse. „Er war seit einem Jahr nicht mehr bei mir! Und ich gehe nicht zu ihm! Ich nicht!"

„Dann rede mit der Mama", bat ich. Ich war nahe am Heulen.

„Warum redest du nicht mit ihr? Du brauchst ihr doch nur zu erzählen, was du mir erzählt hast!", sagte die Oma.

„Ich kann mit der Mama nicht reden", rief ich und konnte die Tränen nicht mehr zurückhalten. „Es muss jemand mit ihr reden, der ihr alles erklären kann!"

„Was erklären?", fragte die Oma.

„Warum die Ilse weg ist und dass die Ilse deshalb nicht schlecht ist und in kein Internat gehört! Das muss man ihr erklären und das kann ich doch nicht!"

„Ich auch nicht", sagte die Oma.

„Doch, du kannst es", rief ich. „Wenigstens probieren kannst du es, der Ilse zuliebe!"

Die Oma legte den Wäschelöffel auf den Tisch und öffnete unten am Ofen die kleine Tür. „Damit es allein weiterbrennt", sagte sie.

Und dann sagte sie: „Na, dann komm!"

Wir gingen aus der Waschküche. Die Oma merkte erst jetzt, dass ich klatschnass war. Sie wollte mit mir in die Wohnung gehen und dort meine Kleider trocknen. „Holst dir ja den Tod!", sagte sie.

Aber ich wollte nicht so lange warten. Ich wollte die Sache hinter mir haben! Und ich hatte auch Angst, die Oma könnte es sich wieder anders überlegen. Dazu wollte ich ihr keine Zeit geben.

„Nein, nein", beteuerte ich. „Ich friere überhaupt nicht! Und ich bin ja fast schon wieder trocken!"

Mein Oma, deine Oma, unsere Oma ...

Die Oma drückte fest auf die Klingel neben unserer Wohnungstür. Wir haben eine sehr laute Klingel.

Ich hörte den Oliver rufen: „Es klingelt, ich lauf aufmachen!"

Ich hörte auch die Stimme der Tatjana: „Ich will aufmachen, ich!"

Dann hörte ich Schritte. Es waren die Schritte der Amtsrätin. Die Schritte kamen zur Tür.

„Die Mutter vom Kurt", flüsterte ich.

Die Amtsrätin machte die Tür auf.

„Guten Tag", sagte die Oma.

Die Amtsrätin schaute verwirrt drein. Sie kennt die Oma nicht. Der Oliver und die Tatjana standen hinter der Amtsrätin.

„Wer ist das?", fragte er und zeigte auf die Oma.

„Ich bin die Oma von der Erika und der Ilse", sagte die Oma.

„Wer ist denn gekommen?", rief die Mama. Sie rief aus dem Bad.

„Die Erika und die Frau Janda sind hier", sagte die Amtsrätin.

Aus dem Badezimmer hörte man sonderbare Geräusche. Die Mama musste sehr schnell aus der Wanne gestiegen sein und das Wasser schwappte wahrscheinlich in der Badewanne herum.

„Ich komme sofort", rief die Mama.

Die Amtsrätin sagte zur Oma: „Wollen Sie bitte ablegen?"

Die Oma zog ihren Mantel aus und hängte ihn an einen Haken. Ich hängte meinen daneben.

„Kommen Sie weiter", sagte die Amtsrätin. Sie sah noch immer verwirrt aus.

Wir gingen hinter der Amtsrätin her ins Wohnzimmer. Wir setzten uns auf die Couch. Ich saß dicht neben der Oma, und wenn es mir nicht so dumm vorgekommen wäre, dann hätte ich der Oma die Hand gegeben, damit sie die Hand festhält.

Der Oliver und die Tatjana standen bei der Wohnzimmertür und schauten neugierig zu uns her.

„Geht spielen", sagte die Amtsrätin.

Der Oliver schüttelte den Kopf. Die Tatjana sagte: „Nein!" Die Tatjana kam langsam und zögernd zu uns. Sie zeigte auf die Amtsrätin und dann auf die Oma und sagte:

„Das ist meine Oma und das ist die Oma von der Erika!" Die Oma nickte.

„Es gibt noch eine Oma", rief der Oliver. „Die Oma von der Mama. Aber mit der sind wir bös! Die ist blöd!"

„Oliver", rief die Amtsrätin. Der Kopf vom Oliver verschwand.

Ich hörte ihn in der Diele kichern. Dann hörte ich die Mama zum Oliver sagen: „Sei brav, ärgere deine Oma nicht!" Und dann kam die Mama ins Wohnzimmer. Sie hatte den Bademantel an. Ihre Haare waren nass. Und ihr Gesicht war nackt. Ohne Make-up und Lippenstift und falsche Wimpern.

Sie zog einen Stuhl vom Esstisch zur Couch, setzte sich und fragte mich: „Wieso bist du nicht in der Schule?"

„Wegen der Ilse", sagte ich. Ich hatte wieder die Waldmausstimme. Die Mama zündete sich eine Zigarette an. Ihre Finger zitterten.

„Was hat sie gesagt?" Die Amtsrätin beugte sich zu mir. Sie ist eine bisschen schwerhörig. Sie hatte meine Waldmausstimme nicht verstanden.

„Wegen ihrer Schwester", brüllte die Oma, in der Lautstärke, in der sie zum Opa spricht. Die Amtsrätin zuckte erschrocken zusammen.

„Was ist mit der Ilse?" Die Mama hatte auch eine Waldmausstimme. Die Oma stupste mich in die Rippen. Sie wollte, dass ich rede.

Ich schaute die Oma an. Ich wollte, dass sie redet.

„So sagt doch schon!", rief die Mama. „Was ist mit der Ilse?"

Die Oma sagte: „Wenn eine Karte aus Florenz zwei Tage braucht, dann kann man zumindest sagen, dass es ihr vor zwei Tagen noch gut gegangen ist!"

Die Mama lehnte sich im Stuhl zurück. Sie schloss die Augen. Sie gab einen halben Seufzer von sich. Dann gab sie den zweiten Teil des Seufzers von sich. Und die Zigarette in ihrer Hand zitterte nicht mehr.

„Sie hat Ihnen eine Karte geschrieben?", fragte die Amtsrätin.

„Nein", sagte die Oma.

„Wem hat sie die Karte geschrieben?", forschte die Amtsrätin.

„Sie hat überhaupt keine Karte geschrieben", sagte die Oma.

„Was reden Sie denn da daher?" Die Amtsrätin schüttelte den Kopf.

Die Mama hatte die Augen noch immer geschlossen. An ihrer Zigarette war schon viel Asche. Ich stand auf und holte einen Aschenbecher vom Fensterbrett und stellte ihn der Mama auf den Schoß.

Die Mama machte die Augen auf. Sie streifte die Asche von der Zigarette. Sie sagte: „Hauptsache, sie lebt! Hauptsache, sie kommt wieder!"

Die Oma nickte.

„Und wie ist das jetzt mit der Karte?", fragte die Amtsrätin.

„Das weiß die Erika besser als ich", sagte die Oma. Sie wollte noch etwas sagen, doch die Amtsrätin rief empört: „Also, da hat das Kind die ganze Zeit etwas gewusst und nichts gesagt!"

„Nichts hat sie gewusst", schrie die Oma. „Sie hat es herausbekommen!"

„Und dann erzählt sie es zuerst Ihnen, das ist doch ..."
Weiter kam sie nicht, denn die Mama sagte: „Lass doch bitte
die Oma reden!"

Sie sagte wirklich: die Oma! Nicht: die alte Janda. Und
nicht: die Frau Janda.

Ich weiß nicht, ob es die Oma merkte und ob es die Mama
selber merkte, die Amtsrätin merkte das Wort „Oma". Und
es störte sie. Sie machte ganz dünne Lippen.

Die Oma sagte: „Also die Erika und ein Freund von ihr
haben herausgefunden, dass die Ilse in Florenz ist."

„Allein?", fragte die Mama.

„Natürlich nicht", sagte die Oma. „Sie ist mit einem jungen
Herrn in seinem Auto gefahren!" Sie sagte das so, als ob das
ganz selbstverständlich wäre, dass man mit einem jungen
Herrn im Auto ins Ausland fährt.

„Autostopp?", fragte die Mama. Die Mama ist gegen Auto-
stoppen, aber ich glaube, jetzt hätte sie recht gern gehört,
dass die Ilse per Autostopp unterwegs war.

Die Oma blickte die Mama so starr an, als wollte sie sie
hypnotisieren. „Der junge Mann dürfte ihr Freund sein.
Ihr ..." Die Oma schwieg einen Augenblick. „Um es beim
richtigen Namen zu nennen, ihr Geliebter!"

Ich schielte zur Amtsrätin. Die machte noch immer dünne
Lippen.

Die Tatjana hockte auf dem Teppich neben der Amtsrätin.
„Ge-lieb-ter", sagte sie, und dann wieder: „Ge-lieb-ter".

Das Wort war neu für sie. Anscheinend fand sie es schön.

„Erika, bring das Kind hinaus, das ist nichts für das Kind",
zischte mir die Amtsrätin zu.

Wenn die Tatjana merkt, dass man sie irgendwo nicht haben
will, dann bleibt sie erst recht. Sie kletterte auf die Couch
hinauf, setzte sich neben die Oma, legte ihre Hände genauso in den Schoß wie die Oma und rief: „Tatjana bleibt hier!
Tatjana geht nicht weg!"

Die Mama drückte ihre Zigarette im Aschenbecher aus und
holte eine neue aus der Schachtel.

„Rauch nicht ununterbrochen", sagte die Amtsrätin. Die Mama steckte die Zigarette wieder in die Schachtel hinein.

Ich bekam einen Niesanfall.

„Das Kind hat sich erkältet", sagte die Amtsrätin.

Ich musste wieder niesen.

„Eine Gänsehaut hat sie auch", sagte die Amtsrätin.

Die Mama zuckte zusammen „Wer?", fragte sie. „Wer hat eine Gänsehaut?"

Die Amtsrätin zeigte auf mich. „Sie hat sich erkältet!"

„Ach so." Die Mama war an meiner Gänsehaut nicht interessiert.

„Was heißt: Ach so!", ärgerte sich die Amtsrätin. „Sie braucht zu allem Ärger dazu nicht auch noch die Grippe bekommen!"

„Erika, zieh dir etwas anderes an", sagte die Oma.

„Und trockne dir die Haare", rief mir die Amtsrätin nach, als ich aus dem Zimmer ging.

Der Oliver lauerte noch immer hinter der Tür in der Diele. „Kommt jetzt die Ilse zurück?", fragte er mich.

Ich ging in mein Zimmer und zog mich um. Der Oliver kam mit mir.

„Ist deine Oma lieb?", fragte er. „Kann deine Oma auch meine Oma sein? Hat die auch einen Opa? Ist der Opa auch lieb?"

Ich nieste, und zwischen den Niesern sagte ich ein paarmal „Ja, ja".

Als ich ins Wohnzimmer zurückkam, saßen dort nur die Amtsrätin und die Oma. Die Mama war im Schlafzimmer und zog sich an.

„Wo geht sie denn hin?", fragte ich die Oma.

„Zum Wirt", antwortete die Oma.

Und die Amtsrätin meinte, sie wolle sich ja nicht einmischen, aber es wäre besser, zur Polizei zu gehen!

„Dazu ist ja nachher immer noch Zeit", sagte die Oma.

Die Mama war erstaunlich schnell angezogen. Sonst braucht sie zehnmal so lange. Während sie in den Mantel schlüpfte und meine rote Wollmütze aufsetzte und allerhand in die Handtasche stopfte, murmelte sie ein paarmal: „Ich komme bald zurück, ich beeile mich, ich bin bald wieder da!"

„Soll ich dich begleiten?", fragte die Amtsrätin.

Die Mama machte so ein erschrockenes Gesicht, dass die Amtsrätin merkte, dass sie als Begleitperson nicht erwünscht war.

Die Oma sagt ihre Meinung und mir brummt der Schädel

Kaum war die Mama weggegangen, hielt die Amtsrätin der Oma eine Ansprache. Sie redete über die Ilse. Sie sagte, die Ilse habe doch alles gehabt, was sich ein Mädchen nur wünschen kann! Ein ordentliches Heim, eine Mutter ohne Beruf, keine Geldschwierigkeiten, einen gütigen, allzu gütigen Stiefvater ... und ... und ... und ...

Aber leider, sagte sie, habe die Mama versäumt, der Ilse die wichtigsten Dinge im Leben beizubringen. Ich habe nicht alles behalten, was die Mama der Ilse beizubringen vergessen hat. Ich weiß nur noch, dass Unterordnung, Bescheidenheit, Gehorsam, Pünktlichkeit und Moral dabei waren. Die Oma hörte sich das an und massierte ihre Nase. Und die Tatjana, die neben der Oma saß, griff sich auch an die Nase und versuchte, die Handbewegung der Oma nachzumachen. Und ich nieste wieder. Und der Oliver stand bei der Tür und fragte in kurzen Abständen:
„Wann kommt denn die Mama wieder?"
Zum Abschluss ihrer Ansprache fragte die Amtsrätin die Oma:
„Und wie sehen Sie den Fall?"
Die Oma ließ ihre Nase los. „Hören Sie einmal", rief sie. „Das ist kein Fall! Das ist die Ilse. Und die ist mein Enkelkind! Und der Ilse ist es nicht gut gegangen, sondern schlecht! Und der Erika ..." Sie stach mir den Zeigefinger in den Bauch, als wollte sie mich aufspießen. „Der Erika geht es auch nicht gut. Aber die Erika ist anders, die hält mehr aus!"

„Und was bitte", fragte die Amtsrätin hoheitsvoll, „hat der Ilse gefehlt, außer einer ordentlichen Tracht Prügel hin und wieder?"

Die Oma wurde rot im Gesicht. Ich merkte, dass sie sehr wütend war. Sie holte tief Luft, dann legte sie los. „Die Ilse ist von ihrer Mutter viel zu oft geschlagen worden! Und nicht zu wenig! Und im Übrigen haben ihr all die schönen Sachen gefehlt, die Sie vorher aufgezählt haben!"

Die Amtsrätin wollte die Oma unterbrechen, aber die Oma fauchte: „Jetzt rede ich! Sie haben lange genug Unsinn geredet! Weil man täglich ein Mittagessen kriegt, hat man noch lange keine Mutter, die für einen sorgt. Und wenn man sechs oder sieben Zimmer hat, hat man noch lange kein Heim! Und wenn sich der Stiefvater um einen nicht schert, dann ist das keine Güte!"

„Aber ..." rief die Amtsrätin.

„Nix aber!", sagte die Oma. „Ihre Schwiegertochter, meine ehemalige Schwiegertochter, die hätte überhaupt keine Kinder kriegen sollen! Und dann kriegt sie vier! Der helle Wahnsinn!"

„Wie können Sie das behaupten?", rief die Amtsrätin.

„Weil es wahr ist!", rief die Oma. „Zuerst heiratet sie und kriegt Kinder, weil man eben Kinder bekommt. Dann kommen Schwierigkeiten und die hält sie nicht aus. Und da lässt man sich eben scheiden. Ob das die Kinder wollen, danach hat sie nicht gefragt. Und dann kommen die Kinder zu mir. Und da bleiben sie zwei Jahre. Und dann kommt sie eines Tages und sagt, jetzt heiratet sie wieder, jetzt müssen die Kinder weg von mir. Ob das die Kinder wollen, fragt sie wieder nicht. Nein, die haben einfach brav zu sein und damit basta!" Die Oma war jetzt richtig aufgeregt. „Und das waren auch brave Kinder! Nie habe ich Probleme mit ihnen gehabt, solange sie bei mir waren!"

Jetzt war die Oma erschöpft und die Amtsrätin konnte sie unterbrechen. „Na schön", sagte sie. „Sie mögen ja Recht haben. Nach Scheidungen gibt es mit den Kindern immer Schwierigkeiten, aber das ist doch kein Grund, dass man viele Jahre später mit dem Bruder eines Wirts davonläuft!"

„Sie hat einen gesucht, der sie wirklich gern hat", sagte die Oma. „So ist das!"

„Na, da hat sie sich ja den Richtigen ausgesucht!", rief die Amtsrätin.

„Hat sie nicht", rief die Oma. „Wie hätte sie denn das können? Wenn man fünfzehn Jahre alt ist, kann man das nicht. Und jemanden, den sie um Rat hätte fragen können, hat sie ja nicht gehabt!"

Ich nieste und die Amtsrätin schwieg. Die Oma sagte auch nichts mehr. So hockten wir da und warteten auf die Mama. Sogar die Tatjana hielt den Mund. Sie kuschelte sich an die Hüfte der Oma. Die Amtsrätin nahm das mit vergrämtem Blick zur Kenntnis.

Ich stand auf und ging in mein Zimmer. Mir war schwindlig. Und mein Kopf brummte. Ich zog mich aus und legte mich ins Bett. Die Mama kam nicht allein zurück, sie kam mit dem Kurt. Den hatte sie vom Wirt aus angerufen und er war in die GOLDENE GANS gefahren. In der GOLDENEN GANS war anscheinend ziemlich viel telefoniert worden, denn die Mama erzählte der Oma und der Amtsrätin dauernd vom Telefonieren.

„Dann haben wir einen Freund von diesem Erwin in Venedig angerufen und der hat uns die Telefonnummer von einem Freund in Florenz gegeben ..."

„Dann haben wir diese Nummer in Florenz angerufen und der Mann hat uns zuerst das falsche Hotel genannt ..."

„Aber dann haben wir noch einmal bei ihm angerufen und da haben wir das richtige Hotel erfahren ..."

„Und dann war aber dieser Erwin nicht im Hotel ..."

„Und dann hat der Wirt dort angerufen und sagen lassen, es sei wahnsinnig wichtig, sein Bruder soll sofort daheim anrufen ..."

Ganz genau bekam ich nicht mit, was die Mama erzählte, weil ich ja im Bett lag und weil mein Kopf so weh tat. Immer wenn ich mich aufrichten wollte, um besser zuhören zu können, spürte ich hinter der Stirn einen stechenden Schmerz.

Ich hörte nur noch, dass die Mama und der Kurt und der Wirt dann auf einen Anruf vom Bruder gewartet hatten. Und dass der dann wirklich angerufen hatte.

Da hielt ich es im Bett, trotz der Kopfschmerzen, nicht mehr aus. Ich wankte ins Wohnzimmer hinüber. Ich lehnte mich an die offene Tür und hielt meinen armen Schädel mit beiden Händen.

Der Kurt sagte zur Oma: „Der Kerl hat gesagt, dass er keine Ahnung hatte, dass die Ilse noch nicht sechzehn Jahre alt ist. Der Wirt hat auch gedacht, sie sei schon siebzehn Jahre vorbei. Angeblich hat sie ihnen auch erzählt, dass sie bei einer alten, tauben Tante wohnt. Und im Sommer Abitur macht. Und dass ihre Eltern in Tirol leben!"

„Warum sollte sie so einen Unsinn erzählt haben!", rief die Mama.

„Damit er sie liebt", sagte die Oma. „Damit er sie mitnimmt! So ein junger Mann, dazu noch mit Geld, der ist doch nicht so dumm, dass er sich mit einer Minderjährigen einlässt!" Die Oma lachte böse. „So einer, der sagt doch nein danke, wenn er die Wahrheit hört. Der kann doch genauso eine schöne, dumme Puppe kriegen, die über sechzehn ist. Eine, mit der er keine Probleme kriegt!"

Dann merkte die Oma, dass ich bei der Tür stand. Sie schimpfte mich aus, weil ich mit Fieber und ohne Hausschuhe da herumstand. Ich wanderte ins Bett zurück und taumelte dabei ziemlich. Mir kam es so vor, als wäre mein Bett ein Boot und der Fußboden darunter ein See mit hohen Wellen. Ich hatte Mühe, über die hohen Wellen zum Boot zu kommen. Als ich das endlich geschafft hatte, war ich so erschöpft, dass ich einschlief.

Grießbrei und Lob

Lange konnte ich nicht schlafen. Der Oliver weckte mich auf und teilte mir mit, dass er sich zu Weihnachten eine schwarze Katze wünscht.

„Die kriegst du garantiert nicht", sagte ich. „Die Mama will doch keine Tiere."

„Aber wenn das Christkind eine bringt", rief der Oliver, „kann die Mama nichts dagegen tun!"

Ich gab ihm keine Antwort. Er zog an meiner Decke. „So sag doch, ob die Mama etwas gegen das Christkind tun kann?", rief der Oliver.

„Lass mich in Ruhe mit deinem Christkind", murmelte ich. Der Oliver kletterte auf meinen Bauch und boxte in ihn hinein.

„Ich krieg aber doch eine Katze", rief er bei jedem Boxhieb.

„Frag die Mama", sagte ich. „Oder den Kurt! Wirst ja merken, dass die nicht wollen!"

Der Oliver sagte, die Mama und den Papa könne er nicht fragen, die seien nicht da. „Deine Oma ist auch nicht mehr da", rief er. „Alle sind sie weg! Nur meine Oma ist da!"

„Wo sind sie denn hin?", fragte ich.

„Deine Oma ist heimgegangen", sagte der Oliver. „Und der Papa und die Mama sind weit weggefahren. Sehr weit weg!"

Der Oliver freute sich, dass er endlich einmal mehr wusste als ich.

„Was haben sie denn gesagt, als sie weg sind?", fragte ich.

„Dass wir schön brav sein und der Oma folgen sollen", sagte der Oliver.

Ich musste niesen und hinterher husten.

Die Amtsrätin wurde vom Niesen und Husten angelockt. Sie kam ins Zimmer. Zuerst holte sie den Oliver von meinem Bauch, dann brachte sie mir eine Tasse Tee, dann steckte sie ein Thermometer unter meine Achsel, dann setzte sie sich auf den Stuhl vor meinem Schreibtisch.

Ich fühlte mich trostlos. Krank und der alten Schachtel ausgeliefert!

Ich schloss die Augen und tat, als schliefe ich.

„Bis morgen werden wir miteinander auskommen müssen", sagte die Amtsrätin. „Oder bis übermorgen! Deine Mutter und der Kurt sind nach Italien gefahren. Die Ilse holen!"

Ich machte die Augen nicht auf.

Die Amtsrätin kam zu meinem Bett und zog das Thermometer aus meinem Nachthemd. „Na ja", murmelte sie. „Achtunddreißig drei." Ich rührte mich nicht.

„Hast du Halsweh?", fragte sie.

Ich rührte mich wieder nicht.

„Sie schläft", sagte der Oliver.

„Sie schläft überhaupt nicht", sagte die Amtsrätin und ging aus dem Zimmer. Den Oliver nahm sie mit.

Ich drehte mich zur Wand. Ich zog mir die Decke bis zu den Augen hinauf. Ich starrte auf das Stück Wand vor meinem Gesicht. Rosa Wand mit grauen Schmutzflecken! Ich merkte, dass ich Angst hatte.

Angst vor der Ilse! Ich hatte Angst, dass sie auf mich böse sein wird! Dass sie sagen wird: Du bist schuld daran, dass sie mich geholt haben! Dass sie sagen wird, ich habe mich in ihre Angelegenheiten gemischt und dass die mich einen Dreck angehen! Und sie wird mich gar nicht mehr mögen! Und wenn sie wirklich in ein Internat kommt, dann wird sie glauben, dass ich schuld daran bin!

Ich wünschte mir, ein Murmeltier zu sein. Dann hätte ich einen Winterschlaf halten können. Ich versuchte, mich in ein Murmeltier zu verwandeln. Es gelang mir auch, wieder einzuschlafen, aber nicht für lange Zeit. Für ein Murmeltier war es in der Wohnung zu laut. Der Oliver sang, das Telefon klingelte, die Tatjana kreischte. Und dann kam die Amtsrätin herein und hatte einen Teller Grießbrei, stellte den auf meinen Nachttisch und sagte: „Iss! Du brauchst etwas Warmes in den Magen!"

Ich wollte die Alte so schnell wie möglich loswerden, nahm den Teller und löffelte das scheußliche Zeug.

„Deine Schwester kann dir ewig dankbar sein", sagte die Amtsrätin.

„Wird sie aber nicht", murmelte ich. Eigentlich hatte ich mit der Amtsrätin gar nicht reden wollen. Doch schließlich war sie die einzige Person weit und breit, mit der ich reden konnte.

„Muss sie aber", sagte die Amtsrätin. „Ohne dich wäre die Sache noch viel ärger geworden!"

Lobend sagte die Alte das. Ich fühlte mich etwas geehrt. Und auch ein bisschen beruhigt.

Die Amtsrätin nahm mir den leeren Teller ab. „Wahrscheinlich wird sie froh sein, dass sie geholt wird!", sagte sie. „Sie wird wahrscheinlich ohnehin schon nicht mehr aus noch ein gewusst haben!"

„Sie wird sagen, dass ich daran schuld bin, dass sie heim muss!", sagte ich.

„Sie wird schön den Mund halten", sagte die Amtsrätin, „und sich die Sache eine Lehre sein lassen!"

Ich bezweifelte das.

Die Amtsrätin fuhr fort: „Und hoffentlich vernünftiger werden. Man soll ja die Hoffnung nie aufgeben!" So, wie sie das sagte, klang es aber, als hätte sie alle Hoffnung längst aufgegeben, als hätte sie gar nie Hoffnungen gehabt. Zumindestens nicht, was die Ilse betrifft.

Ich wollte meine Schwester verteidigen. Doch mir fiel nichts ein. Darum sagte ich nur: „Ich mag die Ilse!"

„Es gehört sich, dass Schwestern einander mögen", antwortete die Amtsrätin, nahm mir den leeren Teller weg, nickte mir hoheitsvoll zu und verließ das Zimmer.

Violetter Nagellack und eine Hauptrolle in einem Film

Es ist Mittag. Ich habe kein Fieber mehr. Nur noch erhöhte Temperatur. Niesen muss ich auch nicht mehr.
Die Ilse liegt in ihrem Bett. Sie schläft. Ihre Zehen schauen unter der Bettdecke hervor. Auf den Zehennägeln ist violetter Lack. Vielleicht schläft die Ilse gar nicht wirklich. Vielleicht tut sie nur so.

Die Mama und der Kurt sind bei der Polizei. Sie müssen melden, dass die Ilse zurück ist.
Der Kurt hat gesagt, es wird einen Prozess geben. Einen Prozess gegen diesen Erwin. Weil die Ilse minderjährig ist. Das wird alles sehr unangenehm werden, hat er gesagt. Die Mama hat gejammert, sie könnte den Kerl umbringen. Zuerst macht er sich an die Ilse heran und dann verschwindet er noch!
Dieser Erwin muss wirklich ein gemeiner Kerl sein! Er hat sich einfach aus dem Staub gemacht! Hat die Ilse zur Grenze gebracht und dort im Restaurant sitzen gelassen. Wahrscheinlich wollte er dem Kurt und der Mama nicht begegnen.
Bevor der Kurt und die Mama zur Polizei gegangen sind, haben sie darüber geredet, ob die Ilse in ein Internat kommt. Der Kurt war dagegen. Die Mama dafür.

Die Zehen mit den violetten Nägeln haben sich eben bewegt. Ich habe leise „Ilse" gerufen, aber sie hat mir keine Antwort gegeben. Wahrscheinlich hat sie sich bloß im Schlaf bewegt. Sie wird müde sein. Heute, in der Nacht, hat sie noch sehr lange mit mir geredet. Stundenlang. Sie wollte mir alles erklären. Der Erwin, hat sie gesagt, ist der Cousin der Amrei. Und sie war wirklich mit der Amrei nach London unterwegs, doch irgendwo haben sie die Fahrkarten verloren. Da hat die Amrei den Cousin angerufen und der hat sie abgeholt. Und hätte ihnen eine noch viel bessere Stelle als Kindermädchen verschafft. In Rom. Bei einem Grafen. In einem Palais.

Ich habe so getan, als ob ich alles glaube.

Dann hat die Ilse weitererzählt: In Florenz hat sie einen Mann kennen gelernt, der macht Filme und ist von ihr begeistert. Demnächst wird er in unsere Stadt kommen, um von ihr Probeaufnahmen zu machen. Wenn die gut sind, bekommt sie eine Hauptrolle in einem Film.

Auch dazu habe ich eifrig genickt.

Sogar mein Ehrenwort habe ich gegeben, dass ich nichts weitererzähle!

Es ist draußen schon wieder hell geworden, da hat die Ilse endlich mit ihren Zirkusdirektorgeschichten aufgehört. „Und bleibst du jetzt da?", habe ich sie gefragt. „Läufst du jetzt bestimmt nicht mehr weg?"

Sie hat sich im Bett aufgesetzt und hat gesagt: „Im Moment schon. Aber wenn wir dann den Film drehen, dann hält mich nichts mehr, gar nichts mehr, dann gehe ich – für immer!"

Wenn ich bloß wüsste, was ich tun soll.

Jetzt sind die Zehen mit den violetten Nägeln unter der Bettdecke verschwunden.

Ich habe Angst. Nicht nur um die Ilse. Ich habe um uns alle Angst.